W0062563
PRALOGNAN-LA-VANOISE
LES MENUIRES - VAL THORENS
COURCHEVEL
LA TANIA
MERIBEL
LA PLAGNE
BRIDES-LES-BAINS
MOUTIERS
VALMOREL
DOUCY
LA LECHERE
BAUGES
AMBERY - LYON

HARRY VALÉRIEN

OLYMPIA '92

DIE WINTERSPIELE ALBERTVILLE

Redaktion Christian Zentner

SÜDWEST

Entzündet im heiligen Hain von Olympia, der ehrwürdigsten Sportstätte der Menschheit, wurde das olympische Feuer von 5500 Fackelträgern 5500 Kilometer quer durch Europa zu seinem Zielort Albertville getragen. Das bestgehütete Geheimnis der Eröffnungsfeier wurde gelüftet, als Frankreichs Jahrhundertfußballer Michel Platini, jetzt Teamchef der französischen Nationalmannschaft, als letzter Staffelläufer die Fackel ins Stadion trug. Dort übergab er sie zu einem kleinen Spiel mit dem Feuer dem achtjährigen François-Cyril Grange; eine Lunte wurde entzündet, die Flamme tanzte auf einem Stahlseil zur großen Schale, wo alsdann das weithin sichtbare olympische Feuer hochloderte.

Während die Abendsonne hinter den Savoyer Alpen versank, marschierten 2196 Teilnehmer aus 64 Nationen zur Eröffnungsfeier der XVI. Olympischen Winterspiele ins Théâtre des Cérémonies ein. Für die Sportnation Allemagne hatte der Auftritt in Albertville geschichtlichen Wert: Das vereinte Deutschland zeigte Flagge bei seiner Olympia-Premiere. Den 116 deutschen Athleten voran schritt Fahnenträger Wolfgang Hoppe, mit je zwei Gold- und zwei Silbermedaillen (für die damalige DDR) der erfolgreichste deutsche Bobpilot. Am Ende der Olympischen Spiele gewann Hoppe sein drittes Silber – diesmal mit »Deutschland I«.

uvex

Konzentration vor dem Start. Rennrodler Georg Hackl, der Silbermedaillengewinner von Calgary 1988, ging 1992 im Eiskanal von La Plagne auf Goldkurs und fuhr im vierten und letzten Lauf mit drei Zehnteln Vorsprung auf den Österreicher Markus Prock ein einsames Rennen. »Was werden sie wohl jetzt zu Hause sagen?« schoß ihm in Kurve 15 durch den Kopf. Daheim in Berchtesgaden sagten sie gar nichts mehr – sie jubelten vor Freude.

Als der 35jährige Biathlet Fritz Fischer fahnenschwenkend über die Ziellinie lief, war der erste Sieg einer 4×7,5-km-Staffel seit der Einführung dieser Konkurrenz 1968 in Grenoble perfekt. »Ein Traum ist Realität geworden«, freuten sich »Fischers Fritze«, Ricco Groß und Jens Steinigen. Den größten Anteil an diesem Traumsieg hatte Mark Kirchner, der Goldmedaillengewinner über 10 km, der mit einer atemberaubenden Aufholjagd einen 45-Sekunden-Rückstand auf den führenden norwegischen Läufer in einen 15-Sekunden-Vorsprung umgewandelt hatte.

ALBERTVILLE 92
8
8
4
LES SAISIES

Albertville, 9. Februar 1992: Nach 4:19,90 Minuten hatte die Eisschnelläuferin Gunda Niemann in der 3000-m-Distanz die erste deutsche Goldmedaille bei den XVI. Olympischen Winterspielen gewonnen – und zugleich die erste Goldmedaille für das vereinte Deutschland. Drei Tage später holte die 25jährige Erfurterin, die mit ihrem Sieg ein Kapitel Sportgeschichte geschrieben hatte, Silber über 1500 m. »Mit Gold und Silber im Gepäck läuft es sich leichter«, gab sie kund und zu wissen, und erlief sich auf der 5000-m-Strecke das zweite Olympiagold vor Heike Warnicke (ebenfalls Erfurt) und Claudia Pechstein (Berlin). Originalkommentar Niemann: »Der reine Wahnsinn!«

Bogner
26
MERIBEL

Sie lieferte den einzigen Lichtblick unter all den trüben Ergebnissen der deutschen Alpinen in Albertville: Katja Seizinger. Im Super-Riesenslalom (Super-G) gewann die 19jährige die Bronzemedaille, nachdem sie in der Abfahrt den Medaillenrang nur um drei Hundertstel verpaßt hatte. Sogar Silber wäre im Super-G rausgesprungen, wenn sie bei der Einfahrt in den sonnenüberfluteten Zielhang nicht eine kleine Unebenheit übersehen hätte. Wie sie sich nun fühle, wurde sie gefragt: Bei den ersten Olympischen Spielen gleich Bronze, sei das nicht toll? »Nicht schlecht, wenn man so einen Bock gebaut hat«, lautete die Antwort. – »Und in zwei Jahren ist wieder Olympia, dann sehen wir weiter.«

GER

»Silberpfeil« im Eiskanal: Zweier-Bob »Deutschland I« mit Rudi Lochner und Markus Zimmermann saust der Silbermedaille entgegen. »Dieses Silber zählt mehr als mein Weltmeisterschafts-Gold. Die Krönung meiner Laufbahn«, kommentierte Lochner, der 38jährige »Methusalem« unter den deutschen Olympia-Athleten, den großen Erfolg, den Christoph Langen und Günther Eger mit dem Gewinn der Bronzemedaille noch dick unterstrichen. Rang 1 blieb den Schweizern Gustav Weder und Donat Acklin vorbehalten – Balsam auf die Wunden der in Savoyen nicht gerade vom Glück verfolgten Eidgenossen.

Inhalt

Was Erhard Keller 1968 in Grenoble und 1972 in Sapporo glückte, gelang dem 28jährigen Berliner Uwe-Jens Mey zwanzig Jahre später: der olympische Doppeltriumph binnen vier Jahren im »Eissprint« über 500 Meter. In Calgary 1988 hatte Mey das olympische Gold noch für die DDR »eingefahren«, in Albertville 1992 schlug es auf der Medaillenliste des vereinten Deutschland zu Buche.

Harry Valérien

Albertville – Wende für Olympia?

Am Anfang überwog Skepsis, am Ende Anerkennung. Selbst strenge Kritiker hatten den französischen Gastgebern wenig Mißliches vorzuwerfen. Jean-Claude Killy, einer der beiden Präsidenten des Organisationskomitees, sagte: »Wir haben das Optimum für die Sportler erreicht, die Wettkämpfe gut organisiert und mit einer knappen Million verkaufter Eintrittskarten die ursprüngliche Kalkulation um rund 20 Prozent übertroffen!« Michélle Verdier, Sprecherin des Internationalen Olympischen Komitees, lobte in Superlativen: »Perfekte Spiele ohne Mängel!« Wer in der obersten Etage lebt, braucht sich um Alltägliches wenig zu sorgen. Irgendein Zuschauer oder Reporter wird nach 16 olympischen Tagen die Anstrengungen addiert und seine Notizen vorgelegt haben: Knapp 60 000 Höhenmeter bewältigt; jeden zweiten Tag vier, fünf Stunden im Auto gesessen; danach geduldig gewartet, bis die nach Plan gesperrten Straßen für den Rückweg wieder frei waren. Von Vergnügen keine Spur. Olympische Spiele auf 13 verschiedene Orte verteilt – so lebt keine intakte Familie. Schon vor 24 Jahren hat Avery Brundage den Zerfall Olympias kritisiert. Der damalige IOC-Präsident geißelte die Zerstückelung mit der Bemerkung, Grenoble biete ein trauriges Schauspiel mit sechs verschiedenen Weltmeisterschaften an sechs unterschiedlichen Orten. In Albertville nun sind Umfang und Vermarktung bis zum Exzeß weiter getrieben worden. Um kritische Einwände in Grenzen zu halten, erklärte Frankreichs NOK-Präsident Nelson Paillou, Albertville sei ein glänzendes Beispiel dafür, daß sich Olympische Winterspiele auch auf diese Weise hervorragend durchführen lassen. Doch die Zeit für Ignoranz Andersdenkenden gegenüber scheint vorbei zu sein. Juan Antonio Samaranch wird sich mit den Herren des IOC über kurz oder lang dem wachsenden Druck der Öffentlichkeit beugen müssen. Mißachtung ökologischer Bedenken und Erkenntnisse sowie die totale Kommerzialisierung Olympischer Spiele werden auf Dauer wohl nicht mehr hingenommen, selbst wenn das beeindruckende Finale in Albertville noch einmal Begeisterung und herzliche Zustimmung ausgelöst haben. Viele Zeichen deuten auf eine Wende hin: auf Straffung des Programms, auf mehr Rücksicht der Natur gegenüber und auf ernste Überlegungen, dieses Fest künftig maßvoller zu gestalten. Angesichts vergeblicher Bemühungen in der Vergangenheit scheint dies utopisch zu sein. Erinnern wir uns: Die Anzahl der Wettbewerbe ist seit 1960 um mehr als das Doppelte gestiegen, die Spiele sind um vier Tage verlängert worden – vom enormen Zuwachs und Anspruch der Medien mit rund 7000 Vertretern gar nicht zu reden. Aber wer, wie Präsident Samaranch, Beifall von allen Seiten sucht, wird ringsherum Geschenke in Form von Zugeständnissen verteilen müssen. Wie man weiß, sind auch die einzelnen Fachverbände nicht an Mäßigung interessiert. Das ungestillte Verlangen nach stetig höherem finanziellen Gewinn

Gruppenbild mit junger Dame bei der Eröffnungsfeier der XVI. Olympischen Winterspiele: Frankreichs Staatspräsident François Mitterrand wird von IOC-Präsident Juan Antonío Samaranch, den Chefs des Olympischen Organisationskomitees (»COJO«), Michel Barnier (im Hintergrund) und Jean-Claude Killy (links), sowie einem Savoyarden-Mädchen zur Ehrentribüne geleitet.

durch Fernsehen und Sponsoren ist die logische Konsequenz krankhafter Expansion. Bescheidenen Trost versprechen die Winterspiele 1994 in Lillehammer. Eine Reduzierung des Programms allerdings steht – wenn überhaupt – in diesem Jahrhundert nicht mehr zur Debatte. (Die Daten 1992: 57 Wettbewerbe, 2196 Teilnehmer aus 64 Ländern.)

Harmonie in der gesamtdeutschen Mannschaft

Entscheidend geprägt wurden Wettkampf und Stimmung der einzelnen Mannschaften von den Auswirkungen politischer Veränderungen. 1988 in Calgary und Seoul gab es noch keine »Gemeinschaft Unabhängiger Staaten«, kein wiedervereinigtes Deutschland; Jugoslawien war noch die Heimat von Slowenen und Kroaten. Und wer hätte gedacht, daß 1992 in Albertville Lettland, Litauen und Estland bei der Eröffnungsfeier unter eigener Flagge mit getrennten Mannschaften einmarschierten? Die Pariser Zeitung »Le Figaro« stellte immer größer werdenden Chauvinismus bei Olympischen Spielen fest. Das Fernsehen trüge einen wesentlichen Teil dazu bei. Und doch hat das Echo auf unterschiedliche Resultate gezeigt, welche Auswirkung politische Veränderungen haben können. Wann hat man die sowjetische Eishockeyauswahl nach Siegen so ausgelassen erlebt wie das Team der Gemeinschaft Unabhängiger Staaten? Noch nie! Gespräche und Interviews mit Athleten und Athletinnen

Ein Fest für die Sinne veranstalteten die Franzosen als Ouvertüre der XVI. Winterspiele. 30 000 Zuschauer, unter ihnen die Athleten aus 64 Nationen, schwelgten in den bewegten Bildern und phantasievollen Illusionen, die der »Hexenmeister« dieses zirzensischen Vergnügens, Philippe Decouflé, in Szene gesetzt hatte.

In 57 Konkurrenzen wurden in Albertville und den umliegenden Austragungsstätten olympische Medaillen vergeben, an Favoriten wie an Überraschungssieger, an »Oldtimer« wie an halbe Kinder. Als jüngster Sieger machte Finnlands »Ufo« Toni Nieminen (ganz oben), der 16jährige Großmeister auf den Sprungschanzen, Olympia-Geschichte. Oben: Deutschlands »Miß Biathlon« Antje Misersky heimst sich von einem Clown ein Küßchen ein.

der neugebildeten Formation sind natürlich viel unkomplizierter verlaufen als früher.

Sehr aufmerksam ist das erste Auftreten der starken deutschen Mannschaft beobachtet worden. Von einem »neuen Großdeutschland«, so IOC-Mitglied Dr. Thomas Bach, war in der ausländischen Presse nichts zu lesen. Das viel zitierte Zusammenwachsen der Sportler aus Ost und West kann nicht über Nacht vollzogen werden. Unzweifelhaft bleibt die Erkenntnis, sich entscheidend nähergekommen zu sein. Zumindest die beiden Biathlonstaffeln haben das deutlich gezeigt. »In diesem Fall hat Deutschland die Vereinigung nicht als quälende Wunde erfahren. Die beiden Mannschaften haben gut harmoniert.« (»Corriere della Sera«, Mailand).

»Gold« für Deutschland in der inoffiziellen Nationenwertung

Walter Tröger, IOC-Mitglied und zum fünften Male Chef de Mission einer deutschen Mannschaft, die in Albertville 116 Aktive umfaßte, betonte nach Abschluß der Winterspiele, über 80 Prozent der Sportler hätten die erwarteten Leistungen gebracht. Es seien keine Erfolge von Ost und West, sondern Erfolge der Mannschaften der jeweiligen Verbände gewesen. Tröger fügte hinzu: »Auf Dauer ist dieses Niveau wohl nicht zu halten. Es wird schon schwerfallen, den in Albertville erreichten Leistungsstandard zu halten und bis zu den Spielen 1994 in Lillehammer hinüberzuretten. Bei vielen Sportlern der ehemaligen DDR liegt ein Motivationsverlust nahe, während wir im Gesellschaftssystem der Bundesrepublik nicht viel besser sein können als unsere Sportler es vorher schon waren.«

Keine Frage, nicht nur ausländische Beobachter bewerteten die Erfolge der gesamtdeutschen Mannschaft und den Spitzenplatz in der inoffiziellen Nationenwertung (zehnmal Gold, zehnmal Silber, sechsmal Bronze) nach altem Muster: Der Osten stark wie eh und je, der Westen gerade mit einer Einzel-Goldmedaille im Rodeln bedient. Im Laufe der Jahre wird sich das ändern, das Kräfteverhältnis verschieben, einzelne Talente und Meister ihre Stützpunkte wech-

seln und in neuer Umgebung Fuß fassen, trainieren und leben.
Bis zum Abschluß der XVI. Olympischen Winterspiele ist erstaunlicherweise kein Dopingfall bekanntgeworden. Alle Welt redete indes über Vorwürfe und Feststellungen der Dopingfahnder gegenüber der Leichtathletin Katrin Krabbe und die über sie verhängte vierjährige Sperre – höchst umstritten übrigens, und in der Mehrheit keineswegs sicher, daß es zu einem langjährigen Ausschluß der Leichtathletin kommen werde.
In Berichten ausländischer Reporter rief die Medaillenschwemme im Eisschnellauf vereinzelt Ratlosigkeit hervor. Argwöhnische Kritiker glauben, die Doping-Vergangenheit sei noch nicht restlos überwunden. Dies verhindere möglicherweise langfristige Verträge mit ostdeutschen Trainern. Denn schließlich wurde bei »Durchforstung dieses Themas« durch eine unabhängige Expertenkommission festgestellt, daß der Eisschnellauf, neben der Leichtathletik und dem Schwimmsport, einst zu den bevorzugten Forschungsgebieten der Dopingspezialisten gehörte.
Nicht weniger als elf Medaillen betrug die deutsche Ausbeute in dieser Sportart. Gunda Niemann mit zweimal Gold und einmal Silber überragte dabei alle ihre Konkurrentinnen. Gleichfalls auf dem Siegerpodest: Jacqueline Börner, Uwe-Jens Mey und Olaf Zinke, der aus der zweiten Reihe der Eisschnellauf-Elite durch seinen sensationellen 1000-m-Lauf auf Rang 1 vorschnellte. Uwe-Jens Mey zog mit Erhard Keller (1968 und 1972) gleich und gewann zum zweiten Male bei Olympischen Spielen den Sprint über 500 Meter.
Ähnlich überragend aus deutscher Sicht die Ergebnisse im Biathlon durch die beiden erfolgreichsten Teilnehmer Mark Kirchner (21) und Antje Misersky (24). Am höchsten gewertet wurde die Biathlonstaffel mit Fritz Fischer als Schlußläufer – nach Bronze (1984) und Silber (1988) endlich Gold für ihn.
Ernüchternd die Bilanz im alpinen und im nordischen Skilauf. Die Verantwortlichen hatten vorsichtigerweise in ihren Prognosen nur jeweils eine Medaille vorausgesagt. Bei Bronze für die 19jährige Katja Seizinger ist es geblieben, selbst wenn Katja Seizinger und Markus Was-

Wenn die Politik auf den Sport abfärbte, warf sie meistens ihre Schatten auf ihn. 1992 in Albertville war alles anders: Die gewandelte Welt hatte vereint, was zusammengehört, und getrennt, was nicht zusammenpaßte; stolz präsentierten das vereinte Deutschland, die baltischen Republiken (im Bild die Mannschaft Estlands) sowie Slowenien und Kroatien ihre Farben beim Einmarsch ins »Théâtre des Cérémonies«.

meier in einigen Wettbewerben die Medaille nur knapp verpaßt haben. Erfolgreicher dagegen unsere Bob- und Rodelspezialisten. Georg Hackl und die Doppelsitzer Krauße/Behrendt erkämpften sich Gold, Susi Erdmann gerade noch Bronze. Zu einer Aufholjagd besonderer Art wurde die Entscheidung im Zweierbob. Rudi Lochner und Markus Zimmermann schoben sich vom elften Rang nach dem ersten Lauf bis auf den Gewinn der Silbermedaille vor; Langen/Eger landeten knapp dahinter auf Rang drei. Noch ein überragendes Ergebnis: Christa Luding ist immer noch die erste und bislang einzige Frau, die sowohl im Winter (Eisschnellauf) als auch im Sommer (Radsprint) olympische Medaillen holte. Hier darf an Laila Schou-Nielsen aus Norwegen erinnert werden. Sie gewann 1936 den olympischen Abfahrtslauf, hielt außerdem einige Weltrekorde im Eisschnellaufen und war mehrmals norwegische Tennismeisterin. Doch alle diese Wettbewerbe gehörten damals nicht zum offiziellen Olympischen Programm – der Abfahrtslauf in Garmisch-Partenkirchen galt nur als erster Teil der Alpinen Kombination.

Starker Auftritt in Albertville: Österreich und Norwegen

Voller Erstaunen registrierte die Fachwelt in und um Albertville die Rolle der Mannschaften aus Österreich und Norwegen (über Österreich finden Sie in diesem Buch eine gesonderte Wertung). Norwegens Langläufer mit Vegard Ulvang und Björn Daehlie räumten in Les Saisies an Medaillen ab, was abzuräumen war. Die Geschichte olympischer Wettbewerbe kennt dafür keinen Vergleich. Jede der fünf Konkurrenzen wurde gewonnen. Bei den Frauen allerdings sah es nicht gut aus. Man wird sich bis Lillehammer gedulden müssen. Doch wie vielseitig zeigte sich diese Mannschaft? Noch vor vier Jahren in Calgary war sie zum ersten Mal in der Geschichte ohne Gold geblieben. In Albertville gelang sogar den Alpinen Kjetil Andre Aamodt (Super-G) und Finn Christian Jagge (Slalom) der Vorstoß zur absoluten Spitze. Auf diese Weise ließ sich leichter verschmerzen, was Jahrzehnte hindurch zur Domäne gehörte: Im Skispringen nämlich konnte sich keiner ihrer Teilnehmer in den drei Konkurrenzen unter den Ersten plazieren. Bestes Resultat: 7. Rang im Mannschaftsspringen.
Die Österreicher jubelten wie ihre Freunde und Rivalen aus Norwegen. Der Medaillensegen begann mit Patrick Ortliebs Abfahrtstriumph (erster Sieg und dann gleich Gold) und endete mit Ingo Appelts Triumph im Viererbob. Nach vier Läufen lag der Goldschmied aus Mieders ganze zwei Hundertstel Sekunden vor Wolfgang Hoppe, der trotz dieser Enttäuschung als erfolgreichster Medaillen-Sammler (insgesamt fünf, davon zwei in Gold) in die Geschichte des Bobsports eingehen wird.
Solche Bewertungen rufen Widerspruch hervor. Wie lassen sich Olympiasieger der 30er Jahre mit denen der 50er oder gar der 90er Jahre vergleichen? Wie den unbekannten Sportlern gerecht werden, deren hohe Zeit in die Kriegsjahre 1940 und 1944 gefallen war? Jeder ist in seiner Zeit der Beste. Sonst müßte man ja, ohne Hintergründe und Zusammenhänge zu erläutern, von schwachen Ergebnissen zum Beispiel im Eisschnellauf sprechen. Eingeweihte wissen: Die gedeckte Halle von Calgary mit hoher Eisqualität

Sie hätten, wären sie so selbstverliebt wie einst Ali, mit Recht sagen dürfen: Wir sind die Größten und die Schönsten. Die Weltmeister von 1989 und 1990, Marina Klimowa und Sergej Ponomarenko, wurden Olympiasieger im Eistanz. Die 25jährige Russin drückte ihr Selbstwertgefühl wie folgt aus: »Wir waren glücklich mit unserem Lauf, und ich glaube, die Leute waren es auch.«

war geschaffen für Weltrekorde, die offene Bahn von Albertville dagegen nicht.

Das Auflisten von Namen, Plazierungen und Medaillen – das sollten eher die Statistiker betreiben. Eindrücke und Bilder außergewöhnlicher Begebenheiten liegen näher, verwischen nicht so schnell, verlieren nicht einmal ihre momentane Schärfe. Da ist der weite, kühne Flug Toni Nieminens. Mit 16 Jahren jetzt der jüngste Olympiasieger. Ist es denn eine Frage der Ästhetik, des Stilempfindens, ob einer noch klassisch springt oder ob er übertroffen wird von einem Teenager wie Nieminen – die Skier zuerst weit geschert, vor der Landung dann wie durch eine automatische Vorrichtung wieder parallel gestellt? Der klassische Stil ist endgültig out. Wer, wie die Deutschen, zu spät und nicht gründlich genug mit der Umstellung begonnen hat, landete deutlich abgeschlagen hinter den V-Springern. Sollte man sich nun Gedanken machen, wie der Bub aus Finnland mit dem neuen Ruhm und den drei Medaillen fertig wird? Der Weg seines Vorgängers Nykänen dürfte für ihn eher Warnung als Vorbild sein.

Wer vergißt den denkwürdigen Lauf des Moskauer Ehepaares Marina Klimowa und Sergej Ponomarenko im Eistanzen? Eine Welt für sich. Und wie hatten die Franzosen gehofft, das Geschwisterpaar Isabelle und Paul Duchesnay in ihrer größten Stunde feiern zu können! Statt dessen deprimierende Niedergeschlagenheit bei Isabelle, beide ein Abglanz nur ihrer großen, unbeschwerten Auftritte in den Jahren vorher.

Gegensätze: Das Festival der Franzosen in Tignes für Edgar Grospiron, dem Helden auf der Buckelpiste; für Fabrice Guy und Silvain Guillaume, die Doppelsieger in der Nordischen Kombination; für Franck Piccard, der im Abfahrtslauf vom Bellevarde das Klassement noch auf den Kopf stellte und Zweiter wurde. Und erst die Japaner! Wie werden Wirtschaft und Industrie den Mannschaftserfolg in der Nordischen Kombination vermarkten, mit welchen Leistungen die Söhne Nippons die Skiwelt 1998 in Nagano überraschen? Asiensportler sind ohnehin im Kommen. Die 15jährige Eiskunstläuferin Lu Chen (6.) aus China zum Beispiel, die Short-Tracker im Eisschnellaufen aus Korea. Drei Medaillen sind ein überzeugender Auftakt.

Immer wieder (und immer heftiger) reden Aktive und Trainer von der Psyche. Von dem, was sich in entscheidenden Augenblicken zwischen den Ohren abspielt. Katja Seizinger erklärte nach dem Abfahrtslauf: »Ich hatte eine Sperre im Kopf.« Wer nimmt sie raus, diese Sperre? Wer schafft das totale Losgelöstsein? Gilt nicht das alte Gesetz: Zu hartnäckiges Wollen erzeugt Mißerfolg? Antje Misersky nannte nach ihrem Goldmedaillengewinn im Biathlon ein mögliches Geheimnis ihres Erfolgs: »Ich hatte mir vor dem Start überhaupt nichts vorgenommen. So kam ich unbekümmert, ohne jeden Druck an den Schießstand. Ich fühlte mich frei beim Zielen und beim Laufen ...«

Ein Vergleich anderer Art, dem ge-

wiß nicht jeder zustimmt. Nach dem dramatischen Spiel und der Niederlage der deutschen Eishockeymannschaft im Penaltyschießen gegen Kanada sprach der eine oder andere von Zufall. Das Ganze sei wie bei einem Roulett verlaufen. Grausam, wenn man viel verliert, nur Glück, wenn man gewinnt. Aber was vollzieht sich im Kopf beim Anlauf und beim Schuß? Werden vom Schützen in diesen Augenblicken weniger Technik, weniger Beherrschung seiner Fähigkeiten verlangt als im Spiel selbst? Auch das Glück hat seine Ursache. Und so sehr man der deutschen Mannschaft den Sieg gegönnt hätte, eine Niederlage der Kanadier wäre vermutlich sehr viel schwieriger zu beschreiben und zu verstehen gewesen. Nach einer Reihe von unglücklichen Spielen in der Vorrunde, wer hätte denn an ein so ausgeglichenes, hinreißendes Match gedacht wie an das gegen die Kanadier? Wer an ein 3:4 gegen den Weltmeister aus Schweden?

Bisher noch kein Wort über Alberto. Tomba stand nach dem Erfolg im Riesenslalom auf dem Gipfel seiner Karriere. Als erster alpiner Skiläufer wiederholte er vier Jahre später seinen Sieg. Selbst die Größten vor ihm haben das nicht geschafft. Weder Gustav Thöni noch Ingemar Stenmark, weder Toni Sailer noch Jean-Claude Killy (die beide allerdings nach ihrem dreifachen Olympiatriumph zu den darauffolgenden Spie-

Ein Zugeständnis an den Gastgeber waren die sogenannten »Demonstrationswettbewerbe«. Speziell das gefährliche Speed-Skiing, bei dem die Piloten (im Bild der Österreicher Harald Egger) in Plastikanzügen mit über 200 km/h zu Tal rasen, wird wohl kaum jemals die olympischen Weihen erhalten.

len nicht mehr angetreten sind). Im Slalom übertraf ihn der Norweger Finn Christian Jagge. Zacken aus der Krone gefallen, ein Makel für Alberto? Der Italiener kann's verschmerzen. Seine Welt liegt ihm ohnehin zu Füßen. Und er ihr, gelegentlich, auch. Japaner, so wurde berichtet, hätten einen 10-Millionen-Vertrag für den Italiener auf den Tisch gelegt. Bedingung: umsteigen auf ein japanisches Skiprodukt. Massive Werbung für den Zeitraum bis zu den Spielen in Nagano – und darüber hinaus.

Warten auf Lillehammer, »das Fest der kürzeren Wege«

Und was wäre Olympia ohne Überraschungen? Beispiele gab's zuhauf. In den alpinen Rennen der Männer war nur Tomba als Sieger im Riesenslalom erwartet worden. Sonst tippten die Fachleute arg daneben. Auch die Short-Tracker in der Eishalle überraschten. An jedem Abend eine vollbesetzte Halle. Stimmung wie beim Buckelpistenfahren. Zwei Festivals der jungen Generation, und nicht nur für die. Am allerschlimmsten traf Olympia '92 die Schweizer. »Die große Skination ins totale Debakel gestürzt. Budgets und Trainer wanken ...« Welch ein Sturz von 1988 mit 15 Medaillen zu 1992 mit deren drei. (Auch dazu eine gesonderte Wertung in diesem Buch.)
Nun wartet alles auf Lillehammer.

Bild oben: Johann Mühlegg aus Marktoberdorf sorgte mit seinem hervorragenden siebten Platz im Langlauf-Marathon über 50 km für eine Riesen-Überraschung am letzten Wettkampf-Tag. Bild unten: Auf Platz eins während des olympischen »Fernsehmarathons« vom 8. bis zum 23. Februar die deutsche Eishockey-Nationalmannschaft (im Bild Torhüter de Raaf) mit ihrem Eishockey-Krimi gegen Kanada.

Johann Mühlegg, der junge hochtalentierte Langläufer aus Marktoberdorf, sieht dort mit Recht seine Chancen; die deutschen Eiskunstläufer wollen sich bis dahin ungleich besser in Szene setzen. Wer will das nicht unter den Geschlagenen und Enttäuschten von Albertville. Man spürt Lust auf Lillehammer! Eine Stadt, zwei Autostunden nördlich von Oslo gelegen, kaum größer als Albertville. Die Kosten für den Bau der sportlichen Anlagen und für die Organisation haben sich seit 1988 bereits verfünffacht. Dennoch sind die Verantwortlichen zuversichtlich. Zwar wird das Programm der Wettbewerbe noch nicht eingeschränkt. Doch Proteste der Umweltschützer wie in Frankreich sollen ausbleiben, der anhaltende Ärger von La Plagne sich in Lillehammer nicht wiederholen. »Kompakte Spiele« versprechen die Norweger. Ein Fest der kürzeren Wege. Wer die Mentalität der Gastgeber dieses Landes kennt, wird nur geringe Zweifel hegen am Gelingen dieser schwierigen Aufgabe. Oslo 1952 liegt dann mehr als 40 Jahre zurück. Das heißt nicht, daß in dieser Zeit Herzlichkeit, der Sinn für die Natur und das Natürliche, samt der Fähigkeit, Feste zu feiern, verloren gegangen sind. Die Chance der Norweger liegt in dem ernsthaften wie spielerischen Bemühen, eine Wende Olympias einzuleiten, damit sie in den Jahren danach um so leichter vollzogen werden kann. Hoffnungen und Sympathien aus aller Welt begleiten sie.

Norwegens Langlauf-As Vegard Ulvang (drei Goldmedaillen, zwei Silbermedaillen) wird mit an Sicherheit grenzender Wahrscheinlichkeit auch 1994 bei den XVII. Olympischen Winterspielen in Lillehammer vorne mitlaufen. Die Welt erhofft sich von den Norwegern umweltbewußte »Spiele der kurzen Wege«.

12
LES SAISIES

Die Medaillengewinner der XVI. Olympischen Winterspiele

SKI ALPIN HERREN

Abfahrt
1. Patrick Ortlieb AUT
2. Franck Piccard FRA
3. Günther Mader AUT

Alpine Kombination
1. Josef Polig ITA
2. Gianfranco Martin ITA
3. Steve Locher SUI

Super-G
1. Kjetil Andre Aamodt NOR
2. Marc Girardelli LUX
3. Jan Einar Thorsen NOR

Riesenslalom
1. Alberto Tomba ITA
2. Marc Girardelli LUX
3. Kjetil Andre Aamodt NOR

Slalom
1. Finn Christian Jagge NOR
2. Alberto Tomba ITA
3. Michael Tritscher AUT

Trickski, Buckelpiste
1. Edgar Grospiron FRA
2. Olivier Allamand FRA
3. Nelson Carmichael USA

SKI ALPIN DAMEN

Abfahrt
1. Kerrin Lee-Gartner CAN
2. Hilary Lindh USA
3. Veronika Wallinger AUT

Alpine Kombination
1. Petra Kronberger AUT
2. Anita Wachter AUT
3. Florence Masnada FRA

Super-G
1. Deborah Compagnoni ITA
2. Carole Merle FRA
3. Katja Seizinger GER

Riesenslalom
1. Pernilla Wiberg SWE
2. Anita Wachter AUT
   Diann Roffe USA

Slalom
1. Petra Kronberger AUT
2. Annelise Coberger NZL
3. Blanca Fernandez-Ochoa ESP

Trickski, Buckelpiste
1. Donna Weinbrecht USA
2. Elizabeta Kojewnikowa GUS
3. Stine Hattestad NOR

LANGLAUF HERREN

10 km klassisch
1. Vegard Ulvang NOR
2. Marco Albarello ITA
3. Christer Majbaeck SWE

15 km Freistil
1. Björn Daehlie NOR
2. Vegard Ulvang NOR
3. Giorgio Vanzetta ITA

30 km klassisch
1. Vegard Ulvang NOR
2. Björn Daehlie NOR
3. Terje Langli NOR

50 km Freistil
1. Björn Daehlie NOR
2. Maurilio de Zolt ITA
3. Giorgio Vanzetta ITA

4×10-km-Staffel
1. NOR (Langli, Ulvang, Skjeldal, Daehlie)
2. ITA (Pulie, Albarello, Vanzetta, Fauner)
3. FIN (Kuusisto, Kirvesniemi, Rasanen, Isometsa)

LANGLAUF DAMEN

5 km klassisch
1. Marjut Lukkarinen FIN
2. Ljubow Jegorowa GUS
3. Jelena Wjalbe GUS

10 km Freistil
1. Ljubow Jegorowa GUS
2. Stefania Belmondo ITA
3. Jelena Wjalbe GUS

15 km klassisch
1. Ljubow Jegorowa GUS
2. Marjut Lukkarinen FIN
3. Jelena Wjalbe GUS

30 km Freistil
1. Stefania Belmondo ITA
2. Ljubow Jegorowa GUS
3. Jelena Wjalbe GUS

4×5-km-Staffel
1. GUS (Wjalbe, Smetanina, Lasutina, Jegorowa)
2. NOR (Pederson, Nybraten, Dybendahl, Nilsen)
3. ITA (Vanzetta, Di Centa, Paruzzi, Belmondo)

SKISPRINGEN

Normalschanze
1. Ernst Vettori AUT
2. Martin Höllwarth AUT
3. Toni Nieminen FIN

Großschanze
1. Toni Nieminen FIN
2. Martin Höllwarth AUT
3. Heinz Kuttin AUT

Mannschaft
1. FIN (Nieminen, Nikkola, Laitinen, Laakonen)
2. AUT (Vettori, Felder, Höllwarth, Kuttin)
3. TCH (Goder, Jez, Sakala, Parma)

NORDISCHE KOMBINATION

Einzel
1. Fabrice Guy FRA
2. Sylvain Guillaume FRA
3. Klaus Sulzenbacher AUT

Mannschaft
1. JPN (Ogiwara, Kono, Mikata)
2. NOR (Elden, Apeland, Lundberg)
3. AUT (Kreiner, Ofner, Sulzenbacher)

BIATHLON HERREN

10 km
1. Mark Kirchner GER
2. Ricco Groß GER
3. Harri Eloranta FIN

20 km
1. Jewgenij Redkin GUS
2. Mark Kirchner GER
3. Mikael Lofgren SWE

4×7,5-km-Staffel
1. GER (Groß, Steinigen, Kirchner, Fischer)
2. GUS (Medwedzew, Popow, Kirienko, Tschepikow)
3. SWE (Johansson, Andersson, Wiksten, Lofgren)

BIATHLON DAMEN

7,5 km
1. Anfissa Reszowa GUS
2. Antje Misersky GER
3. Jelena Bjelowa GUS

15 km
1. Antje Misersky GER
2. Swetlana Petscherskaja GUS
3. Myriam Bedard CAN

3×7,5-km-Staffel
1. FRA (Niogret, Claudel, Briand)
2. GER (Disl, Misersky, Schaaf)
3. GUS (Bjelowa, Reszowa, Melnikowa)

EISSCHNELLAUF HERREN

500 m
1. Uwe-Jens Mey GER
2. Toshiyuki Kuroiwa JPN
3. Yunichi Inoue JPN

1000 m
1. Olaf Zinke GER
2. Yoon-Man Kim KOR
3. Yukinori Miyabe JPN

1500 m
1. Johann Olav Koss NOR
2. Adne Soendral NOR
3. Leo Visser NED

5000 m
1. Geir Karlstad NOR
2. Falko Zandstra NED
3. Leo Visser NED

Die Medaillengewinner der XVI. Olympischen Winterspiele

10 000 m
1. Bart Veldkamp NED
2. Johann Olav Koss NOR
3. Geir Karlstadt NOR

Short Track, 1000 m
1. Ki-Hoon Kim KOR
2. Frederic Blackburn CAN
3. Yoon-Ho Lee KOR

Short Track, 5000-m-Staffel
1. KOR
2. CAN
3. JPN

EISSCHNELLAUF DAMEN

500 m
1. Bonnie Blair USA
2. Qiaobo Ye CHN
3. Christa Luding GER

1000 m
1. Bonnie Blair USA
2. Qiaobo Ye CHN
3. Monique Garbrecht GER

1500 m
1. Jacqueline Börner GER
2. Gunda Niemann GER
3. Seiko Hashimoto JPN

3000 m
1. Gunda Niemann GER
2. Heike Warnicke GER
3. Emese Hunyady AUT

5000 m
1. Gunda Niemann GER
2. Heike Warnicke GER
3. Claudia Pechstein GER

Short Track, 500 m
1. Cathy Turner USA
2. Yan Li CHN
3. Hwang Ok-Sil PRK

Short Track, 3000-m-Staffel
1. CAN
2. USA
3. GUS

EISKUNSTLAUF

Herren
1. Viktor Petrenko GUS
2. Paul Wylie USA
3. Petr Barna TCH

Damen
1. Kristi Yamaguchi USA
2. Midori Ito JPN
3. Nancy Kerrigan USA

Paare
1. Natalia Mischkutionok/Artur Dmitriew GUS
2. Elena Beschke/Denis Petrow GUS
3. Isabelle Brasseur/Lloyd Eisler CAN

Eistanz
1. Marina Klimowa/Sergej Ponomarenko GUS
2. Isabelle und Paul Duchesnay FRA
3. Maja Usowa/Alexander Schulin GUS

RODELN

Einsitzer, Herren
1. Georg Hackl GER
2. Markus Prock AUT
3. Markus Schmidt AUT

Doppelsitzer, Herren
1. Stefan Krauße/Jan Behrendt GER
2. Yves Mankel/Thomas Rudolph GER
3. Hansjörg Raffl/Norbert Huber ITA

Einsitzer, Damen
1. Doris Neuner AUT
2. Angelika Neuner AUT
3. Susi Erdmann GER

BOB

Zweisitzer
1. Gustav Weder/Donat Acklin SUI
2. Rudi Lochner/Markus Zimmermann GER
3. Christoph Langen/Günther Eger GER

Viersitzer
1. Appelt/Winkler/Haidacher/Schroll AUT
2. Hoppe/Musiol/Kühn/Hannemann GER
3. Weder/Acklin/Schindelholz/Morell SUI

EISHOCKEY

1. GUS
2. CAN
3. TCH

Abkürzungen der Nationen

AHO	Niederländische Antillen
ALG	Algerien
AND	Andorra
ARG	Argentinien
AUS	Australien
AUT	Österreich
BEL	Belgien
BER	Bermudas
BOL	Bolivien
BRA	Brasilien
BUL	Bulgarien
CAN	Kanada
CHI	Chile
CHN	Volksrepublik China
CRC	Costa Rica
CRO	Kroatien
CYP	Zypern
DEN	Dänemark
ESP	Spanien
EST	Estland
EUN →	GUS
FIN	Finnland
FRA	Frankreich
GBR	Großbritannien
GER	Deutschland
GRE	Griechenland
GUS*	Gemeinschaft Unabhängiger Staaten
HON	Honduras
HUN	Ungarn
IND	Indien
IRL	Irland
ISL	Island
ISV	Jungfern-Inseln
ITA	Italien
JAM	Jamaika
JPN	Japan
KOR	Südkorea
LAT	Lettland
LIB	Libanon
LIE	Liechtenstein
LIT	Litauen
LUX	Luxemburg
MAR	Marokko
MEX	Mexiko
MGL	Mongolei
MON	Monaco
NED	Niederlande
NOR	Norwegen
NZL	Neuseeland
PHI	Philippinen
POL	Polen
POR	Portugal
PRK	Nordkorea
PUR	Puerto Rico
ROM	Rumänien
SEN	Senegal
SLO	Slowenien
SMR	San Marino
SUI	Schweiz
SWE	Schweden
TCH	ČSFR
TPE	Taiwan (Formosa)
TUR	Türkei
USA	USA
YUG	Jugoslawien

* Die Olympiamannschaft der GUS ist in Albertville unter dem offiziellen Kürzel EUN = Equipe Unifiée (Vereinigte Mannschaft) angetreten.

Medaillenspiegel

	Gold	Silber	Bronze
1. Deutschland	10	10	6
2. GUS	9	6	8
3. Norwegen	9	6	5
4. Österreich	6	7	8
5. USA	5	4	2
6. Italien	4	6	4
7. Frankreich	3	5	1
8. Finnland	3	1	3
9. Kanada	2	3	2
10. Südkorea	2	1	1
11. Japan	1	2	4
12. Niederlande	1	1	2
13. Schweden	1	–	3
14. Schweiz	1	–	2
15. China	–	3	–
16. Luxemburg	–	2	–
17. Neuseeland	–	1	–
18. ČSFR	–	–	3
19. Spanien	–	–	1
Nordkorea	–	–	1

Ski alpin

Olympischer Gipfelsturm der Außenseiter

Als zusammengezählt wurde, wer denn nun die erfolgreichste alpine Mannschaft gestellt hatte zwischen Val d'Isère, Méribel und Les Ménuires, hatten sich die Norweger direkt aufdringlich in das Kopf-an-Kopfrennen zwischen Österreich und Italien eingemischt mit dem Gold für den Slalomfahrer Finn Christian Jagge, nachdem schon Kjetil Andre Aamodt den Super-G gewann und dazu Riesenslalom-Bronze und Jan Einar Thorsen Dritter im Super-G geworden war; das sei alles schon im Hinblick auf die nächsten Winterspiele zu sehen, wurde erklärt, was für ihre Heimspiele 1994 in Lillehammer viel erwarten läßt.

Die eine große Skination, deren Fahrer vor Albertville in sämtlichen Disziplinen Siege schier nach Belieben einheimsten durch Abfahrtsweltmeister Heinzer, den vielseitigen Paul Accola und Vreni Schneider, mußte sich mit Kombinationsbronze für Steve Locher begnügen. Die Österreicher hingegen sonnen sich im Glück: Heimgereist aus Hoch-Savoyen sind sie als erfolgreichste Bergabfahrer mit acht Medaillen. Petra Kronberger war mit dem doppelten Gold von Kombination und Slalom zur Königin der alpinen Wettbewerbe geworden. Patrick Ortlieb hatte mit dem Auftaktsieg in der Männer-Abfahrt auf dem Bellevarde die Weichen gestellt. Anita Wachter, Kombinations-Olympiasiegerin von 1988, vergrößerte ihre Medaillensammlung um zweimal Silber (Riesenslalom und Kombination), Günther Mader (Abfahrt), Michael Tritscher (Slalom) und Veronika Wallinger (Abfahrt) steuerten Bronze bei – gegen diese Fülle konnte kein anderes Team ankommen. Am nächsten waren noch die Italiener dank des überragenden Torläufers Alberto Tomba, der Überraschungssiegerin Deborah Compagnoni im Super-G und des Kombinations-Duos Polig/Martin (Gold und Silber). Für die anderen blieb weniger, weil so viele doppelt Medaillen gewannen: Kronberger zweimal Gold, Tomba Gold und Silber, Aamodt Gold und Bronze, Marc Girardelli (Super-G und Riesenslalom) und Anita Wachter zweimal Silber. Stark in den Vordergrund rückte die Elite aus Übersee – allerdings ausnahmslos bei den Frauen: Kerrin Lee-Gartner (Kanada) gewann die Abfahrt vor Hilary Lindh (USA), im Slalom sorgte die Neuseeländerin Annelise Coberger mit Silber für die größte Überraschung, und im Riesenslalom holte Diann Roffe (USA) zeitgleich mit Wachter Silber. Die Schwedin Pernilla Wiberg stärkte mit dem Slalomgold die skandinavische Front, während sich die Gastgeber mit den Silbermedaillen für Carole Merle (Super-G) und Franck Piccard (Abfahrt) zufrieden gaben.

Für die Deutschen wäre das reiche Beute gewesen, die hingegen trollten sich mit Katja Seizingers Bronze im Super-G. Bei den Herren gewann Markus Wasmeier »Blech« in der Abfahrt (4. Platz), Armin Bittner scheiterte im Spezialslalom wie vor vier Jahren in Calgary und sprach das treffende Fazit für sich und die Teamkollegen: »Entweder waren wir zu langsam, oder wir sind zu schlecht gefahren.«

Der große Sieger in der Abfahrt, der alpinen »Königsdisziplin«, heißt Patrick Ortlieb, der beim Weltcup noch nie einen Blumentopf gewonnen hatte: »Das ist ein unbeschreibliches Gefühl, mein erstes Rennen ausgerechnet bei Olympia zu gewinnen«, freute sich der Österreicher. Nach 1:50,37 Minuten hatte er die »Mordsstrecke« hinter sich gebracht – und Gold in den Händen.

1
VAL D'ISERE

asics
asics

ABFAHRT HERREN

Die Diskussionen um die neue Abfahrtsstrecke von Val d'Isère sind noch nicht verstummt, als das Rennen, Auftakt und gleichzeitig Höhepunkt der alpinen Wettbewerbe, längst entschieden war: Er hoffe nicht, daß so die Zukunft des Abfahrtssports aussehe, meinte Weltmeister Franz Heinzer. Verständlich dieses Resümee, schließlich ist der Schweizer – dreimal Sieger in den fünf Saisonrennen zuvor – nur Sechster geworden auf dem Bellevarde. Daß Patrick Ortlieb sagte: »Das ist doch keine Abfahrt«, erstaunt allerdings, denn der Hüne aus Lech hatte keinen Grund, mit der Austragungsstätte zu hadern: Er hatte gesiegt. Und das als Abfahrtsspezialist auf jener Strecke, die viele als verkappten Super-G bezeichneten, der Torläufer bevorzuge. Olympia-Macher Jean-Claude Killy hatte sich mit der Face de Bellevarde einen Jugendtraum erfüllt; überflüssig, schalten die Kritiker, schließlich führt von demselben Gipfel, nur zwei Kilometer westlich, seit Jahr und Tag die bestens eingeführte Weltcup-Piste. Aber Killy hatte sich durchgesetzt und im früheren Weltmeister Bernhard Russi einen Verbündeten gefunden, der die gewünschte Trasse legte, der Steilheit des Terrains und der Enge der Felsdurchlässe folgend mit mehr Kurven und engeren Wendungen als bei irgendeinem anderen Rennen.

»Das ist doch keine Abfahrt!«, lautete Patrick Ortliebs erster Kommentar zu der extrem abschüssigen, enorm kurvenreichen Strecke am Bellevarde. Doch der Mann mit der Startnummer 1 belehrte sich selbst eines Besseren und bewältigte den Berg mit Bravour. »Die anderen kochen auch nur mit Wasser«, hatte sich der »Arlberg-Expreß« (»L'Equipe«) vor dem Start beruhigt, und dann den Lauf seines Lebens hingelegt.

Da seien Techniker im Vorteil wie Wahl-Luxemburger Marc Girardelli, der Schweizer Weltcup-Spitzenreiter Paul Accola oder eben Markus Wasmeier, lautete einhellig die Expertenmeinung. Der Schlierseer hatte die Face de Bellevarde auch umgehend zu seiner Lieblingsstrecke erklärt und diese Beziehung mit zwei Trainingsbestzeiten untermauert. Und dann war für ihn das Rennen verloren, kaum daß es begonnen hatte: Wasmeier, mit Startnummer zwei, hatte im Ziel, nach 3048 m, eine Viertelsekunde Rückstand auf Ortlieb, den einzigen vor ihm Gestarteten, und war am Ende Vierter. Eben die Kurve, die ihm beim Üben immer besonders gut glückte, war Wasmeier mißlungen.

Katastrophenkurve »P2«

Nun begann für beide das Warten, das Ortlieb schon gewohnt war. Vier Wochen zuvor in Garmisch-Partenkirchen war er über eine Stunde Erster, ehe ihn Wasmeier (damals mit Nummer 38) noch verdrängte. In der olympischen Abfahrt verdrängte Ortlieb keiner mehr. Heinzer (»diese Strecke hat nicht eine Schlüsselstelle, sondern zehn«) kam wieder nicht zurecht, die reinen Gleiter wie A. J. Kitt (USA), Sieger zum Saisonauftakt am gleichen Ort (aber auf der alten Strecke), blieben ohnedies ohne Chance, und die hochgewetteten Allrounder Girardelli und Accola scheiterten in derselben Kurve, genannt P2. Ortlieb mußte weiter bangen, Wasmeier durfte noch hoffen. Mit Nummer 14 hat ihn dann der Österreicher Günther Mader auf Platz drei verdrängt, mit der 21 schob sich der Franzose Franck Piccard auf den Silber-Rang. So hatte sich also das Spezialtraining der Hausherren am Face de Bellevarde doch noch ausgezahlt. Aber der Triumph gehörte erstmals wieder seit Leonhard Stocks Goldlauf

Oben: »Mit dir hab' ich am allerwenigsten gerechnet«, flüsterte Deutschlands Abfahrts-Hoffnung Markus Wasmeier (rechts), für den es am Ende nur für Rang vier reichte (»Der allerschlimmste Platz, der dir bei Olympia passieren kann!«), am Ziel Patrick Ortlieb ins Ohr. Hansjörg Tauscher (links) rangierte im Endresultat auf Platz sieben – auch ein schöner Erfolg für einen Mann, der beim ersten Anblick der Abfahrtsstrecke noch die Worte »Unmöglich, da fahre ich nie runter!« ausgestoßen hatte.

Ski alpin

Abfahrt, Herren		Min.
1. Ortlieb	AUT	**1:50,37**
2. Piccard	FRA	**1:50,42**
3. Mader	AUT	**1:50,47**
4. Wasmeier	GER	**1:50,62**
5. Thorsen	NOR	**1:50,79**
6. Heinzer	SUI	**1:51,39**
7. Tauscher	GER	**1:51,49**
8. Arnesen	NOR	**1:51,63**
19. Huber	GER	**1:52,48**

1980 in Lake Placid (diesmal war auch für ihn die Fahrt in der P2 zu Ende) den Österreichern. Eine Sensation, weil jener Mannschaft im gesamten Winter bis Albertville noch kein Sieg bei einem Männerrennen gelungen war – und noch nie einer Patrick Ortlieb (25).

Die goldene Abfahrt des »Arlberg-Expreß«

Nun setzte sich mit dem Hotelierssohn (durch den Vater, einen Elsässer, auch im Besitz eines französischen Passes) im Kurvenlabyrinth ausgerechnet einer durch, von dem die angesehensten Kapazitäten in der Heimat gesagt hatten, mit seinen 93 Kilo Lebendgewicht könne er wohl prima geradeaus rasen, aber zum Kurvenfahren reiche es leider nicht. Besagter Kritiker hat sein Urteil umgehend revidiert: »So kann man sich täuschen«, sagte Franz Klammer, Olympiasieger 1976.

Bogner

Die Abfahrtsstrecke war das Lieblingskind von Jean-Claude Killy, dem dreifachen Olympiasieger von 1968 und Olympiamacher 1992. Als Verbündeten für seine Pläne hatte er den Schweizer Bernhard Russi (Abfahrts-Gold 1972) gewonnen, der die gewünschte halsbrecherische Trasse mit den vielen Kurven und engen Wendungen anlegte. Der Österreicher Stefan Eberharter (oben), der Senegalese Alphonse Gomis (links) und der Brite Graham Bell (rechte Seite) waren in guter Gesellschaft: Am Bellevarde scheiterten auch so illustre Abfahrer wie Paul Accola, Leonhard Stock, Marc Girardelli und Franz Heinzer.

44
VAL

KOMBINATION, HERREN

Für kaum einen anderen alpinen Wettbewerb gab es einen so klaren Favoriten wie in der Kombination den Schweizer Paul Accola: Der bräuchte sich das Gold nur noch abzuholen, lautete die weitverbreitete Meinung über den komplettesten Skifahrer der Gegenwart, diesem Gewinner aller Zweier-Wertungen im Weltcup (Garmisch, Kitzbühel, Wengen). Diese Vermutung verdichtete sich, nachdem sein einziger Widerpart unter den Allroundern, Marc Girardelli (Luxemburg), in der Kombinationsabfahrt am Bellevarde ebenso gestürzt war wie tags zuvor bei den Spezialisten und der Österreicher Mader an derselben Stelle wie Girardelli (Felsen-S).

Wer konnte nun dem vierschrötigen Zimmermann aus Davos mit der prächtigen Ausgangsposition des 5. Abfahrtsranges den Sieg noch vermiesen?

Die Fehltritte der Favoriten

Nur er selbst: Nach sechs Fahrsekunden im Slalom fehlte er, stieg zwar zurück, zeigte aber damit nur Sportsgeist. Nun lag das Gold wieder zur bequemen Abholung bereit für den nächsten, den Arlberger Hubert Strolz, der seinen Titel von Calgary hätte verteidigen können. Doch der Spitzenreiter nach Abfahrt und erstem Torlauf-Durchgang brachte seinen Vorsprung nur bis ins fünftletzte Tor, dort, einen Katzensprung vom Zielstrich, warf ihn ein Innenski-Fehler aus dem Rennen. »In Calgary hatte ich Glück, daß Pirmin Zurbriggen ausschied«, tröstete sich Strolz mit der Erinnerung.

Artig bescheiden zeigte sich gleichzeitig ein junger Mann, der völlig unverhofft Olympiasieger geworden war: »Ich hatte Glück, daß so viele ausschieden«, meinte der 23jährige Sterzinger Josef Polig, Sechster in beiden Teilwettbewerben und Kombinations-Sieger vor seinem Landsmann Gianfranco Martin aus Genua und dem Westschweizer Steve Locher. Markus Wasmeier verspielte seine Chancen schon mit Rang sieben in der Abfahrt, wurde insgesamt

Bei der Alpinen Kombination der Herren wurde das für den Schweizer Topfavoriten Paul Accola reservierte, dem Österreicher Hubert Strolz in Griffnähe präsentierte Gold weitergereicht. Accola (oben) und Strolz verirrten sich im Zickzack zwischen roten und blauen Fahnen, während ein gewisser Josef Polig (Bild rechte Seite) den gefallenen Helden zeigte, was eine Harke ist. Der krasse Außenseiter aus Südtirol (im Bild ganz oben neben seinem »Landsmann« Gianfranco Martin aus Genua, der die Silbermedaille gewann) widmete seinen Sieg Italien: »Weil ich dort noch nicht so bekannt bin.«

Ski alpin

Kombination, Herren		Pkt.
1. Polig	ITA	14,58
2. Martin	ITA	14,90
3. Locher	SUI	18,16
4. Cretier	FRA	18,97
5. Wasmeier	GER	32,76
6. Ghedina	ITA	38,96
7. Furuseth	NOR	40,47
8. Gigandet	SUI	41,21

12
GIPRON

Fünfter und ärgerte sich über diese Tatsache weniger als über die Umstände, unter denen dieser Wettbewerb ausgetragen werden mußte: sowohl Abfahrt wie Slalom auf völlig unzureichend präparierten Pisten und mit unzumutbaren Verzögerungen.
Dreister als das olympische Organisationskomitee hat noch nie ein Veranstalter den Kombinierern seine Geringschätzung gezeigt.

SUPER-G HERREN

Ihm selbst, sagte Kjetil Andre Aamodt aus Olso, der nordischen Metropole und Stadt des Holmenkollen, sei es schon klar gewesen, daß er diesen olympischen Super-G gewinnen könnte. So wie er es dann tatsächlich tat mit 0,73 Sekunden Vorsprung auf den Wahl-Luxemburger Marc Girardelli. Jener war zufrieden mit Silber und froh nach den Stürzen in der Abfahrt der Spezialisten wie der der Kombinierer, endlich wieder ein Rennen beendet zu haben, »endlich wieder auf den Füßen, endlich raus aus dem Loch zu sein«. Andere, hochbewertete Konkurrenten steckten immer noch drin, die Schweizer vor allem: Paul Accola, Sieger im letzten Weltcuprennen in dieser Disziplin vor den Winterspielen, wurde Zehnter – unakzeptabel für den Davoser –, Franz Heinzer, unantastbar bis Olympia, schied aus, dasselbe Schicksal traf Franck Piccard, Hausherr und Titelverteidiger. Nicht viel besser erging es den Deutschen, von denen ohnedies nur Markus Wasmeier eine Medaillenchance gegeben wurde. Der Schlierseer zog Startnummer eins (»die mag ich normalerweise«), die war auch kein entscheidender Nachteil auf der Neuschneepiste, nur fand er nicht die rechte Linie: »Ich ließ mich von der Spur der Vorfahrer täuschen, die erwies sich klar als die Sicherheitslinie.« Also war Markus Wasmeier viel zu weit weg von den Toren und am Ende Neunter: »Alles vorbei«, lautete seine Olympia-Bilanz, »ich bin nicht schlecht gefahren hier in Val d'Isère, aber ich hatte mir mehr ausgerechnet.« Hansjörg Tauscher (Oberstdorf) wurde 21., Berni Huber (Obermaiselstein) 32. – welch ein Kontrast zu den herausragenden Norwegern, an die auch noch Bronze (Jan Einar Thorsen) ging, der vierte Platz an Ole Christian Furuseth und der achte an Torn Stiansen.

Ski alpin

Super-G, Herren		Min.
1. Aamodt	NOR	1:13,04
2. Girardelli	LUX	1:13,77
3. Thorsen	NOR	1:13,83
4. Furuseth	NOR	1:13,87
5. Polig	ITA	1:13,88
6. Hangl	SUI	1:13,90
7. Mader	AUT	1:14,08
8. Stiansen	NOR	1:14,51
9. Wasmeier	GER	1:14,58
21. Tauscher	GER	1:15,98
32. Huber	GER	1:16,78

Vom Krankenbett aufs Siegerpodest

Und über allen Kjetil Andre Aamodt, dessen Siegesgewißheit kaum einer geteilt hatte. Nicht, weil der 20jährige noch nie gewonnen hatte gegen die Weltklasse, sondern seiner Vorgeschichte wegen: Schwere Gehirnerschütterung beim WM-Abfahrtstraining vor einem Jahr, Schlüsselbeinbruch im vergangenen Mai, im November Pfeiffersches Drüsenfieber mit 12 Kilo Gewichtsverlust in zehn Tagen, die Olympiaabfahrt von Val d'Isère wegen einer Magenerkrankung gestrichen. Nun aber holte der WM-Zweite von Hinterglemm in der gleichen Disziplin das erste Gold als norwegischer Alpiner 40 Jahre nach Stein Eriksens Riesenslalom-Triumph von Oslo. Kjetil Andre Aamodt nimmt eine große Tradition wieder auf.

Oben: Zwei Norweger und ein Wahl-Luxemburger waren die strahlenden Sieger im Super-G: Kjetil Andre Aamodt (Mitte) gewann Gold, Marc Girardelli (links) Silber und Jan Einar Thorsen (rechts) Bronze. Daß die Norweger bei den XVI. Olympischen Winterspielen im Langlauf brillieren würden, hatte man ja vorausgesehen, aber ihr Auftrumpfen in den alpinen Disziplinen kam dann doch etwas überraschend. Aamodt trug zu der Medaillenausbeute später noch Bronze im Riesenslalom bei. Rechts: »Da geht's lang«, scheint Papa Girardelli seinem Sohn anzuzeigen, »zur zweiten Medaille im Riesenslalom«.

RIESENSLALOM HERREN

Seit dem ersten Auftritt des Alberto Tomba bei den Winterspielen in Savoyen waren schon wieder zehn Tage vergangen. Damals hatte er zur Eröffnungsfeier im Tuchmantel die italienische Trikolore durch das Stadion von Albertville getragen und war nach der Zeremonie umgehend per Helikopter verschwunden über die Berge nach Sestrière, wo er sich für seine sportlichen Aufgaben bei Olympia vorbereitete.

»Tombamania« im Val d'Isère

Die erste der beiden, im Riesenslalom von Val d'Isère, absolvierte er mit Bravour und löste damit umgehend jene Massenpsychose aus unter den Tausenden von Anhängern, die als »tombamania« längst hinreichend bekannt ist. Gänzlich ungefährdet absolvierte der beste Torläufer der Jetztzeit das letzte der Olympiarennen am Bellevarde: Bestzeit im ersten, Bestzeit im zweiten Lauf. Dabei ließ er zum Auftakt im Schlußstück wertvolle Zeit liegen, nach der Mittagspause dagegen büßte er im Starthang etliche Hundertstel ein. Der Kurs ist allerdings dem 25jährigen aus Bologna besonders gelegen gekommen, eng gesteckt, wie er war (geländebedingt, da der Hang mehr Raum in die Breite nicht bot). Marc Girardelli, nach den Stürzen in den Abfahrten neu beflügelt durch das Silber im Super-G, war erster Herausforderer, fand sich auch mit der ungünstigen Voraussetzung ab, zweimal mit der Nummer 14 ins Rennen gehen zu müssen (zuerst der Auslosung gemäß, dann dem Reglement folgend vor Tomba). Girardelli hat dem Italiener am Beginn des zweiten Laufes auch 22 Hundertstel abgenommen, freute sich am Ende aber auch über Silber vor dem norwegischen Olympiasieger im Super-G,

Kjetil Andre Aamodt: »Das ist für mich wie Gold.« Der Volkstribun Alberto Tomba nahm die Huldigungen seiner Verehrer gelassen hin, schließlich hatte er vorher schon angekündigt, die Zeiten der Außenseiter-Sieger bei diesem Olympia seien vorbei, »denn schließlich bin ich jetzt da«. Und er, der Millionärssohn aus Castel dei Britti, hat mit diesem Sieg geschafft, was noch nie einem alpinen Rennfahrer gelang: Er verteidigte als erster einen Olympiatitel. Mögen andere mehr Gold gescheffelt haben, in mehr Disziplinen oder über einen längeren Zeitraum gesiegt – das schaffte noch keiner: Alberto ist der Größte. Ganz klein an diesem Tag die Deutschen: Markus Wasmeier nach dem dritten Tor des ersten Laufes ausgeschieden, Armin Bittner mit derartigem Rückstand, daß er auf die zweite Hälfte verzichtete, statt dessen lieber seine Spezialdisziplin Slalom üben ging, Peter Roth im zweiten Lauf disqualifiziert. Wasmeier litt unter einer schmerzhaften Rippenprellung, die anderen beiden sind wohl doch entgegen anderslautender Behauptungen zu sehr auf den kurzen Torlauf fixiert, und der einzige deutsche Spezialist, Tobias Barnerssoi, war an den Normen des Nationalen Olympischen Komitees gescheitert. Nur logisch, daß dieses Rennen zum Desaster für den Deutschen Skiverband wurde – vernünftigerweise hätte man es ausgelassen!

Marc Girardelli, ausgeschieden in Abfahrt und Kombination, wurde für seinen unermüdlichen Kampf um eine olympische Medaille endlich im Super-G mit Silber belohnt. Im Riesenslalom hielt er dann zwei Tage später lange sogar den ersten Platz – bis Alberto Tomba ihm doch noch den Rang ablief und für einen Tag aus Albertville »Albertoville« machte. Girardelli beschied sich mit seinem zweiten Silber und gratulierte von Herzen – großer Sport mit einem starken Sieger und einem starken Verlierer.

Ski alpin

Riesenslalom, Herren		Min.
1. Tomba	ITA	**2:06,98**
2. Girardelli	LUX	**2:07,30**
3. Aamodt	NOR	**2:07,82**
4. Accola	SUI	**2:08,02**
5. Furuseth	NOR	**2:08,16**
6. Mader	AUT	**2:08,80**
7. Salzgeber	AUT	**2:08,83**
8. Nyberg	SWE	**2:09,00**
27. Roth	GER	**2:14,96**

SLALOM HERREN

So bescheiden hatte man Alberto Tomba lange nicht gehört: Daß er zufrieden sei mit dem Slalomsilber, verkündete der hohe Favorit bei der Krönung des Norwegers Finn Christian Jagge zum Olympiasieger, »und das ist keine diplomatische Behauptung. Mein Trainer Gustav Thöni hat 1972 auch Gold und Silber geholt, und man spricht noch nach 20 Jahren von ihm.« Der Italiener hatte auf dem flachen Hang von Les Ménuires, wohin der Spezialslalom als einziges Männerrennen von Val d'Isère ausgelagert wurde, den ersten Lauf schlicht verschlafen, taktisch falsch angegangen wohl auch. Jagge hingegen, der Tomba im Monat zuvor auf dessen ureigenem Terrain in Madonna di Campiglio erstmals bezwingen konnte, fuhr schön rhythmisch und rund in dem Wissen: »Wenn es flach ist, sind wir Norweger vorn dabei.« 1,58 Sekunden lag er nach dem ersten Durchgang vor Tomba, der nur Sechster gewesen ist. Dann kam der gefürchtete Angriff des Italieners, während sich der Norweger mit dem Problem des riesigen Vorsprungs auseinanderzusetzen hatte: »Da ist man leicht geneigt, zu zurückhaltend zu fahren, weil man denkt, es reicht sowieso.« Es reichte ja auch, obwohl der große Alberto wie entfesselt fuhr, diesmal 1:30 Sekunden schneller als Jagge. Dem blieben am Ende 28 Hundert-

Ski alpin

Slalom, Herren		Min.
1. Jagge	NOR	**1:44,39**
2. Tomba	ITA	**1:44,67**
3. Tritscher	AUT	**1:44,85**
4. Staub	SUI	**1:45,44**
5. Fogdoe	SWE	**1:45,48**
6. Accola	SUI	**1:45,62**
7. von Grünigen	SUI	**1:46,42**
8. Nilsson	SWE	**1:46,57**
16. Roth	GER	**1:48,75**

stel Vorsprung, und keine zwei Zehntel trennten Tomba von Bronzemedaillengewinner Michael Tritscher aus Rohrmoos bei Schladming. »Es ist sehr schön, Olympiasieger zu sein, aber noch schöner ist es, wenn du dabei vor Tomba bist«, verkündete Jagge, der auf dem Hügel Kirkeruudbakken, dem Berg seiner Jugend vor den Toren Oslos, das Fundament zum Olympiagold gelegt hatte. Klar daß nach diesem zweiten Alpingold zum Abschluß (nach jenem für Aamodt im Super-G) heller Jubel herrschte bei den Nordländern, die zu einer führenden Nation in diesem Sport aufgestiegen sind und die Deutschen um Längen hinter sich gelassen haben. Von jenen lag Armin Bittner nach dem ersten Lauf auf Rang neun, 18 Hundertstel hinter Tomba: »Silber war noch möglich, deshalb riskierte ich alles«, sagte der Krüner, und schied im zweiten Lauf aus. Sein Teamkollege Peter Roth wurde 17. mit viereinhalb Sekunden Rückstand.

Links oben: Alles gewagt und alles verloren: Armin Bittner, ausgeschieden im zweiten Slalom-Lauf. Links unten: Leicht verschnupft nach dem Slalom war auch Alberto Tomba Superstar, der im Riesenslalom seine Goldmedaille von Calgary verteidigt hatte. Den totalen Triumph des Italieners verhinderte der Norweger Finn Christian Jagge (rechte Seite), der »Albertone« auf den zweiten Rang verwies.

9
ES MENUIR

Ski alpin Damen

»Petra die Große«, Skikönigin von Savoyen

Längst gilt Petra Kronberger als legitime Nachfolgerin ihrer österreichischen Landsfrau Annemarie Moser-Pröll, und unstrittig darf sie als vielseitigste Skifahrerin der Gegenwart gepriesen werden. Beleg dafür ist der Gewinn des Gesamt-Weltcups 1990 und 1991. Aber so ganz mühelos und wie von selbst ging es bei der mittlerweile 23jährigen aus Pfarrwerfen im Salzburger Land auch wieder nicht, auch ihr wurde Geduld abverlangt: Sturz bei der ersten WM-Teilnahme 1987 in Crans Montana, Abfahrts-Sechste bei den Winterspielen 1988 in Calgary, 1989 WM-Zwölfte in Vail, 1991 endlich Abfahrts-Weltmeisterin in Saalbach. Eigentlich habe sie nun lange genug hingewartet, »so lange dauert schon mein Traum von einer olympischen Medaille«.

»Austrias Kronberger – Petra The Great« – mit diesen großen Worten huldigte die Europa-Ausgabe des US-Magazins »Time« auf Seite eins der zweifachen Goldmedaillengewinnerin (Alpine Kombination und Slalom) aus dem Salzburger Land. An den Erfolgsdruck und den Zugriff der Öffentlichkeit mußte sich die 23jährige Weltcupsiegerin (1990 und 1991) schon vor der Ernte ihrer olympischen Lorbeeren gewöhnen. Vor der Saalbacher WM nahe ihres Wohnortes Pfarrwerfen klagte sie: »Ich kann doch Goldene nicht auf Knopfdruck aus dem Ärmel beuteln.«

KOMBINATION DAMEN

Den hat sie sich erfüllt im Auftakt-Wettbewerb der alpinen Frauen in Méribel, und keine konnte sie in der Kombination ernsthaft gefährden: Schnellste war sie in der Abfahrt, und als sie tags darauf im ersten Slalom-Durchgang zwölf Konkurrentinnen vorbeilassen mußte, hat sie sich umgehend rehabilitiert mit Bestzeit im zweiten Lauf – das kann derzeit nur sie. Kurz vor dem Ziel dachte sie an den Mannschafts-Kollegen Hubert Strolz, der am fünftletzten Tor das Kombinations-Gold verschenkte: Das gleiche Risiko nahm sie auf sich, »auch egal, ich mußte ja alles riskieren, um zu gewinnen«. Auch Anita Wachter, 50 kg leichter Schneefloh aus dem Montafon, erinnerte sich an den Fall von Strolz, hat im Finale aber ohnedies weniger heftig attackiert als die Teamgefährtin: »Weil ich wußte, ich kann sowieso nur gewinnen, wenn Petra Kronberger ausfällt.« Gold und Silber war reiche Beute für die Österreicherinnen, von denen Cheftrainer Raimund Berger nur drei aufbieten konnte (Ulrike Maier schied im Slalom aus) nach dem schweren Trainingssturz, bei dem Sabine Ginther den Bruch eines Lendenwirbels erlitt. Um solche Vorkommnisse auf der zu weichen Piste auszuschließen, ermahnte der deutsche Coach Alois Glaner seine Fahrerinnen zu bedächtiger Fahrt; damit allerdings war nichts zu gewinnen. Katja Seizinger hielt nach Abfahrt und des Slaloms erstem Teil Rang drei, die im Torlauf kaum Geübte war dann doch überfordert und schied drei Tore vor dem Ziel aus. Michaela Gerg (Lenggries) und die 19jährige Regina Häusl aus Bad Reichenhall haben das Rennen ebenfalls nicht zu Ende gefahren, so daß

Ski alpin

Kombination, Damen		Pkt.
1. Kronberger	AUT	2,55
2. Wachter	AUT	19,39
3. Masnada	FRA	21,38
4. Bournissen	SUI	24,98
5. Berge	NOR	35,28
6. Bokal	SLO	42,60
7. Medzihradska	TCH	47,43
8. Vogt	GER	48,52

die Starnbergerin Miriam Vogt als einzige Deutsche in die Wertung kam mit Rang acht, was die ehrgeizige Rennfahrerin als Enttäuschung wertete.

ABFAHRT DAMEN

Das ist eine der Spezialitäten der alpinen olympischen Rennen, daß die Formkurven der vergangenen Monate nichts mehr gelten, statt dessen sich den höchsten Lorbeer Rennfahrerinnen holen, die bis dato nur einem kleinen Kreis bekannt waren. Überraschungssieger – besonders häufig in den Abfahrten: 1984 der Kalifornier Bill Johnson, 1988 die Münchnerin Marina Kiehl und nun in Méribel die Kanadierin Kerrin Lee-Gartner (25). Vollends unerwartet fiel der zweite Platz an Hilary Lindh (22) aus Juneau in Alaska vor der Österreicherin Veronika Wallinger. »Das ist ein Hammer«, entfuhr es der Mitfavoritin Katja Seizinger, daß die Amerikanerin Lindh sich Silber schnappte, wo jene doch im Training nie vorne dabei war »und im Weltcup auch nicht«. Was nicht ganz zutrifft: Vor zwei Wintern war sie schon mal Sechste in Panorama.

Nach Rennen mit derart unerwartetem Ausgang stellt sich stets die Frage: War es regulär, war es fair, unter ähnlichen Bedingungen für alle Beteiligten? Die Strecke am Roc de Fer war nachts zuvor vereist worden, beim Rennen herrschte leichter Schneefall. »Die Piste war in einem Bombenzustand«, bestätigte die Westfälin Seizinger, »aber die Sicht war nicht ganz regulär.« Sie, bis zur dritten Zwischenzeit in Führung, hat im Schlußstück »den Boden unter mir nicht mehr gesehen. Da bekam ich eine Sperre im Kopf und konnte die Ski nicht mehr laufen lassen«. Aber als sich herausstellte, daß ihre Zeit besser als jene von Weltmeisterin Petra Kronberger war, hielt Katja Seizinger eine Medaille für gesichert.

Ski alpin

Abfahrt, Damen		Min.
1. Lee-Gartner	CAN	1:52,55
2. Lindh	USA	1:52,61
3. Wallinger	AUT	1:52,64
4. Seizinger	GER	1:52,67
5. Kronberger	AUT	1:52,73
6. Gutensohn	GER	1:53,71
7. Sadleder	AUT	1:53,81
8. Gladischewa	GUS	1:53,85
9. Vogt	GER	1:53,89
18. Gerg	GER	1:54,99

»Das ist so wenig«

Irrtum: Am Ende war sie Vierte und Kronberger Fünfte (aber die hatte immerhin schon Gold aus der Kombination), Katrin Gutensohn (die mit Startnummer eins ins Rennen gehen mußte) wurde Sechste, drei Plätze vor Miriam Vogt (Starnberg). Die Lenggrieserin Michaela Gerg konnte die Verheißung der schnellsten Fahrt im Abschlußtraining nicht im geringsten bestätigen, endete auf dem 18. Rang. So knapp ging das zu auf der 2,770 km langen Piste, sechs Hundertstelsekunden trennten die Siegerin von der Zweiten, acht Hundertstel fehlten Katja Seizinger zu Bronze: »Das ist so wenig, das steht nicht mehr in deiner Macht«, meinte sie, die zudem benachteiligt war durch den Sturz der vor ihr gestarteten Schweizerin Chantal Bournissen, nachdem das Rennen für 3:40 Minuten unterbrochen wurde. Katja Seizinger führte darüber allerdings keine Klage, kein Grund zur Aufregung: Der 19jährigen werden sich noch andere Gelegenheiten bieten.

Kanadierin mit Durchblick

Dagegen hat Kerrin Lee-Gartner ihre vermutlich letzte Chance, zu olympischem Ruhm zu kommen, genützt. Die Kanadierin aus Calgary, mit dem

österreichischen Trainer (und früheren Lizenzfußballer) Max Gartner verheiratet, zählt erst 25 Jahre, wurde aber seit 1985 schon fünfmal an den Knien operiert. Am Morgen war noch ein aufmunterndes Fax ihrer ersten Trainerin eingetroffen, von Nancy Greene, 1968 Olympiasiegerin für Kanada im Riesenslalom. Einfach sei ihr Konzept gewesen, berichtet Kerrin Lee-Gartner: »Alles oder nichts.« An diesem Tage alles, auch weil sie den nötigen Durchblick hatte, der mancher Favoritin fehlte.

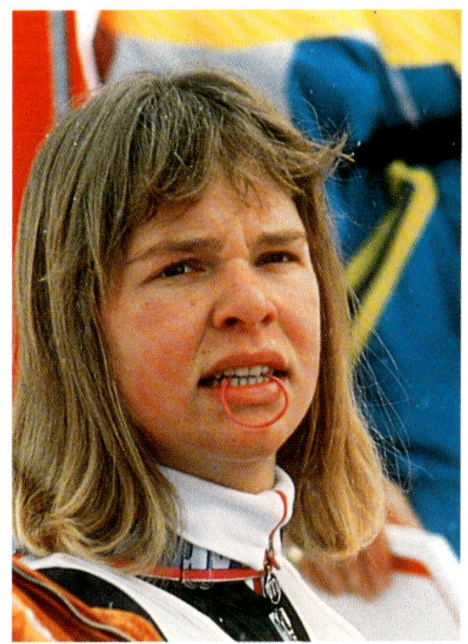

»Wallinger okay; Lee okay; aber die Lindh?« Im Zielraum mußte Deutschlands Abfahrts-As Katja Seizinger (oben) erleben, wie sie von Außenseiterinnen aus den olympischen Medaillenrängen verdrängt wurde, und hätte dabei aus Enttäuschung am liebsten gleich alle fünf olympischen Ringe verspeist. Gold gewann die Kanadierin Kerrin Lee-Gartner (links), verheiratet mit dem österreichischen Ex-Fußballer Max Gartner (Wacker Innsbruck, VÖEST Linz), 1,4 m vor Hilary Lindh (USA) und Veronika Wallinger (Österreich).

5

SUPER-G DAMEN

Die erste Reaktion der Katja Seizinger im Ziel des Super-G hat die Beobachter überrascht: Überschwenglich gefeiert hat die 19jährige ihre Bronzemedaille nicht direkt, eher beiläufig hingenommen. Nein, so sei es nicht gewesen, erläuterte die beste deutsche Skifahrerin, im westfälischen Datteln geboren, mit der Familie übersiedelt ins badische Eberbach, startend für den Skiclub Halblech und seit kurzem wohnhaft in Garmisch-Partenkirchen: »Ich bin sehr erleichtert.« Schließlich lag sie nur eine Hundertstelsekunde vor Petra Kronberger und war zuvor zweimal Vierte gewesen in Abfahrt und Kombination. Nun hat sie endlich eine Olympiaplazierung erreicht, die einer der dominierenden Athletinnen des Weltcups würdig ist. Daß ihr Jubel nicht lauter ausfiel, war dem Umstand zuzuschreiben, daß es auch leicht mehr hätte sein können. Denn bei der zweiten Zwischenzeit lag Katja Seizinger fast eine halbe Sekunde vor der Lokalmatadorin, »Miß Super-G« Carole Merle (28), ehe es die Deutsche auf einer Welle aushob und auf den Innenski versetzte. Sie ratterte mit quergestellten Brettern den Hang hinunter. »Jetzt kannst du aufhören«, war ihr erster Gedanke, dem sie gottlob nicht nachgab, sondern noch mal alle Konzentration zusammennahm im Schlußhang. 93 Hundertstelsekunden Rückstand hatte sie sich auf die Französin mit ihrem Fehler eingehandelt und wußte gleich: Ohne den Fehler wäre sie vor jener geblieben, »dieser Bock hat mich Silber gekostet«. Silber deshalb, weil inzwischen mit Startnummer 16 auch die Italienerin Deborah Compagnoni aus der Weltcup-Station Santa Caterina im Ziel war, noch mal fast eine Sekunde schneller als Merle.

Links: Die Abschiedsvorstellung von Regine Mösenlechner. »Definitiv das letzte Rennen« bestritt die 30jährige deutsche Skiläuferin beim olympischen Super-G in Méribel bei den XVI. Olympischen Winterspielen. Zur Sicherung ihrer beruflichen Zukunft hat sie sich die Sportsfreundin Marile Epple zum Vorbild genommen und eine Ausbildung zur Fach-Kosmetikerin absolviert: »Da merkte ich, wie hart Schule und Beruf sind und wie schön das Skifahren ist.« Das findet auch Deborah Compagnoni (oben), die Siegerin des Super-G, die sie im heimatlichen Italien schon »den weiblichen Tomba« nennen.

Gold für Compagnoni, »den weiblichen Tomba«

Compagnoni, die im Januar in Morzine zu ihrem ersten Weltcupsieg gekommen war, »hatte nie an Gold gedacht, aber solche Kurse wie hier – technisch schwierig und schnell –, die liegen mir eben«. Daß die 21jährige aus dem Veltlin hier gut zurechtkäme, hatte Katja Seizinger schon geahnt: »Dieser Super-G war dem Riesenslalom ähnlicher als der Abfahrt, mir war klar, daß Compagnoni und Merle hier am stärksten sind.« Die Französin fand, sie habe mit Silber »die Verpflichtung mir selbst gegenüber erfüllt«. Compagnoni erfuhr

Ski alpin

Super-G, Damen		Min.
1. Compagnoni	ITA	1:21,22
2. Merle	FRA	1:22,63
3. Seizinger	GER	1:23,19
4. Kronberger	AUT	1:23,20
5. Maier	AUT	1:23,35
6. Lee-Gartner	CAN	1:23,76
7. Gerg	GER	1:23,77
8. Twardokens	USA	1:24,19
15. Mösenlechner	GER	1:24,85
18. Vogt	GER	1:25,40

allerlei Lob, unter anderen von Michaela Gerg (Siebte): »Sie ist der weibliche Tomba« (mit dem hat sie schließlich auch hin und wieder trainiert) und sei künftig zu ähnlich überragenden Leistungen fähig wie der Landsmann. Katja Seizinger wurde ähnliches geweissagt: Daß eine 19jährige bei Olympia zweimal Vierte und einmal Dritte wird, läßt Großes für die Zukunft erwarten. Auch für die Betroffene selbst, die verkündete: »In zwei Jahren sind wieder Winterspiele.« Allerdings ohne Regine Mösenlechner, die 30jährig in Méribel ihr letztes Rennen fuhr. Der 15. Platz war nicht das, was sie sich für die Abschiedsvorstellung erträumt hätte, und so gestand sie sich ein: »Mit den Jungen komme ich nicht mehr mit.«

RIESENSLALOM DAMEN

Näher können Glück und Leid nicht zusammenliegen: Am Dienstag noch strahlte die Italienerin Deborah Compagnoni im Glanz ihres Goldes für den Super-G, am Mittwoch krümmte sie sich vor Schmerzen am Rand der Riesenslalom-Piste von Méribel, und am Abend war sie schon operiert am Kreuzband des linken Knies, in derselben Klinik in Lyon und vom selben Arzt, der dasselbe Leiden schon mal vor drei Jahren behoben hatte. Wieder ist die Laufbahn gewaltsam unterbrochen, zum dritten Mal nach

Ski alpin

Riesenslalom, Damen		Min.
1. Wiberg	SWE	**2:12,74**
2. Wachter	AUT	**2:13,71**
Roffe	USA	**2:13,71**
4. Maier	AUT	**2:13,77**
5. Parisien	USA	**2:14,10**
6. Merle	FRA	**2:14,24**
7. Twardokens	USA	**2:14,47**
8. Seizinger	GER	**2:14,96**
11. Meier	GER	**2:15,33**
14. Hächer-Gavett	GER	**2:16,13**

dem ersten Knieschaden und der Darmerkrankung von 1990, die sie nach einer dramatischen Notoperation eine ganze Saison kostete. Der Riesenslalom war nicht das Rennen einer ganzen Reihe hoch eingeschätzter Fahrerinnen: Carole Merle als Hausherrin wurde Sechste, Compagnoni überstand nur 20 Sekunden, die Österreicherin Petra Kronberger rutschte nach einer Dreiviertelminute aus, und Vreni Schneider brachte das Kunststück fertig, über den eigenen Skistock zu fahren und diesen dabei abzuschneiden. »So idiotisch habe ich mich überhaupt noch nie angestellt«, kommentierte die Goldmedaillengewinnerin von 1988 ihr Ausscheiden, das die Serie der Schweizer Reinfälle auch im achten alpinen Wettbewerb der Winterspiele fortsetzte – die Kombinationsbronze für Steve Locher als einzige Ausbeute konnte die so erfolgsverwöhnte Ski-Nation nicht zufriedenstellen. Dafür

»Bahn frei« im olympischen Riesenslalom für Pernilla Wiberg aus Schweden. Die Weltmeisterin des letzten Winters gewann die erste und einzige »Goldene« für ihr Land bei den XVI. Olympischen Winterspielen – sehr zur Freude des schwedischen Königspaares, das den Siegeslauf der 21jährigen aus Norrköping live im Skistadion miterlebte.

ist den Schweden endlich ihre erste Goldmedaille bei Olympia in Hochsavoyen beschieden gewesen. Die 21jährige Pernilla Wiberg aus Norrköping hat sich vor den Augen ihrer Regenten Carl Gustaf und Sylvia als Spezialistin für besondere Ereignisse erwiesen wie schon vor Jahresfrist, als sie in Saalbach Weltmeisterin geworden war. Kein Weltcuprennen hatte die stämmige Torläuferin im Verlauf des bisherigen Winters gewonnen. Im ersten Durchgang von Méribel lag sie noch zwei Zehntelsekunden hinter der Österreicherin Ulrike Maier zurück. Aber im zweiten Lauf fuhr Pernilla Wiberg unwiderstehlich, Maier fiel auf Rang vier zurück, und an der hohen Vorgabe scheiterten auch die anderen beiden Verfolgerinnen. So kam Pernilla Wiberg zur ersten alpinen Olympiamedaille für eine Schwedin, und mit 97 Hundertstelsekunden Rückstand teilten sich die US-Amerikanerin Diann Roffe, vor sieben Jahren schon mal Weltmeisterin in dieser Disziplin, und Anita Wachter aus dem Montafon (Kombinations-Olympiasiegerin von 1988) das Silber. Daß Bronze nicht vergeben wird, hatte es letztmals 1964 in Innsbruck gegeben, als die Französinnen Christine Goitschel und Jean-Marlène Saubert gemeinsam Zweite waren. Von den Deutschen war im Riesenslalom nichts Großes zu erwarten, allenfalls eine Überraschung wie bei der WM 1991 der dritte Platz der Schlechingerin Traudl Hächer. Die verschlief am Roc de Fer den ersten Lauf, wurde am Ende 14., Christine Meier vom Tegernsee Elfte (1988 in Calgary noch Vierte), Michaela Gerg schied aus. Also war wieder mal Beste des Teams wie stets bisher Katja Seizinger als Achte. »Endlich weiß ich, daß ich auch Riesenslalom fahren kann«, war die befriedigende Erkenntnis für die Westfälin, die sich in höherem Tempo und längeren Kurvenradien wohler fühlt.

SLALOM DAMEN

Das hatte sich Petra Kronberger diesmal fest vorgenommen: nicht nachzulassen in der Konzentration nach dem ersten Erfolg. Dieser Lapsus unterlief ihr ein Jahr zuvor bei den Weltmeisterschaften in Saalbach/Hinterglemm, wo sie sich nach ihrem Abfahrtstitel allzusehr in Sorglosigkeit wiegen ließ und diese teuer bezahlte mit einem Sturz auf der Ziellinie des Super-G. Der Bänderschaden im Knie, den sie sich dabei holte, hing ihr lange nach, fast bis zu den Winterspielen, wäre nicht kurz vor Weihnachten der Abfahrtssieg in Serre-Chevalier gewesen, ihr einziger im Weltcup-Winter.

»Jetzt geht's erst richtig los«

Nur nicht nachlassen in Méribel, schwor sich die 22jährige Salzburgerin, als Olympia für sie mit Kombinationsgold glänzend begonnen hatte: »Jetzt geht's erst richtig los!« Was folgte, »waren zwölf Tage unter ungeheurem Druck«, der stetig wuchs, je öfter Petra Kronberger knapp vorbeifuhr: Fünfte in der Abfahrt, Vierte im Super-G, ausgeschieden im Riesenslalom. Aber ihr Vorteil, der sie über alle Konkurrentinnen emporhebt, ist die Tatsache, daß sie in jeder Disziplin gewinnen kann, also auch im Slalom (wie sie im Weltcup schon dreimal bewies). Nach dem ersten Durchgang des Abschiedsrennens von Méribel, unter strahlend blauem Himmel und vor zehntausend Zuschauern, führte überraschend die Amerikanerin Julie Parisien aus Maine an der Ostküste (geboren in Montreal); auf Platz zwei landete Blanca Fernandez-Ochoa, auf Platz drei erst Kronberger. Wie die aber im Finale angriff, »da hat sie ihre psychische Stärke bewiesen«, lobte Österreichs Frauen-Cheftrainer Raimund Berger. Sie selbst jubelte, da

Ski alpin

Slalom, Damen		Min.
1. Kronberger	AUT	**1:32,68**
2. Coberger	NZL	**1:33,10**
3. Fernandez-Ochoa	ESP	**1:33,35**
4. Parisien	USA	**1:33,40**
5. Buder	AUT	**1:33,68**
6. Chauvet	FRA	**1:33,72**
7. Schneider	SUI	**1:33,96**
8. Berge	NOR	**1:34,22**
15. Ertl	GER	**1:36,41**

sei ihr eben »ein Traumlauf gelungen, wie man ihn nur alle Jahrhunderte hinkriegt«.

Miss Nobody aus Neuseeland

Das hat sich aber gleich relativiert, weil Annelise Coberger nochmal 32 Hundertstel schneller war und sich so auf Rang zwei setzte. Ihren Namen vernahm man erstmals anläßlich des Sieges im Januar-Slalom von Hinterstoder, nun wird man ihn sich merken müssen: Annelise Coberger, 20, Enkelin eines ausgewanderten Fürthers, Sportstudentin in Christchurch auf der Südinsel von Neuseeland, erste Medaille von Winterspielen auf die Antipoden geholt. Den anderen Namen kannte man schon: Fernandez-Ochoa, der steht seit 20 Jahren in der olympischen Siegerliste dank Francisco, Slalomfahrer aus Madrid. Sein Schwesterchen, inzwischen auch schon 28, hat in Méribel Julie Parisien noch vom dritten Platz verdrängen können.

Petra Kronberger, die alpine Skikönigin

Aber alle sind sie überstrahlt worden von Petra Kronberger aus Pfarrwerfen, die ungläubig stammelte: »Daß mir so ein Finale gelingt ...« Dieses Finale hat sie zur alpinen Königin dieser Winterspiele gemacht: Happy End eines Winters, der so bescheiden begonnen hatte für sie.

Eiskunstlauf

GUS: Supermacht auf Eis

An zwei Masten wurden die Fahnen des IOC gehißt, dazu erklang dessen Hymne, und Natalia Mischkutionok blickte wieder ein bißchen traurig und ratlos drein. »Ich mag unsere alte Hymne«, hatte sie schon im Januar bei der Europameisterschaft in Lausanne gesagt. Auch diesmal fehlte der aparten Russin offensichtlich ein kleiner Teil des Glücks nach einem Sieg, und auf aufmunternden Zuspruch ihres Partners Artur Dmitriew konnte sie sowieso nicht hoffen. Der konnte mit neutralen Tüchern und Tönen auch nichts anfangen. In den neuen Zeiten war offensichtlich vieles anders als bisher, manches aber war geblieben, die olympische Dominanz der Paare aus St. Petersburg und Moskau beispielsweise. Jene Goldmedaille, die Mitschkutionok/Dmitriew, die amtierenden Welt- und Europameister, bei der ersten Eiskunstlauf-Entscheidung von Albertville gewannen, bedeutete den achten russischen Olympiasieg in Folge seit 1964.

Mag die UdSSR-Nachfolge-Organisation GUS auf der politischen Weltbühne auch noch so bescheiden dastehen, im Eiskunstlauf präsentierten sich die Russen in Albertville nach wie vor als Supermacht: In den vier Wettbewerben gewannen sie dreimal Gold, einmal Silber und einmal Bronze. Auch hinter den Medaillenrängen tummelten sich große Talente auf dem Eis. Im Bild Schischkowa/Naumow (Platz fünf im Paarlauf).

PAARE

Die Verbindung zum Anfang zu finden, machte keine allzu große Mühe. Die ersten Sieger waren der eigenwillige Oleg Protopopow und seine sanfte Ehefrau Ludmilla Beloussowa, und als deren berühmteste Nummer galt die Interpretation des »Liebestraumes« von Franz Liszt – eben jener Musik, mit der sich die Trainerin der Olympiasieger des Jahres '92, Tamara Moskwina, an die Vergangenheit heranwagte. 1991 hatte sie einen alten Wunsch wahrgemacht, weil sie endlich das richtige Paar für die Musik gefunden hatte für ihre Vorstellung dieses Liebestraumes. Mit einer makellosen und beseelten Kür waren die atemberaubend biegsame Natalia Mischkutionok (21) und ihr drei Jahre älterer Partner Artur Dmitriew 1991 Weltmeister geworden. Ein Liebestraum, der auch den olympischen Winter überstehen sollte und deshalb noch einmal aufgelegt wurde.

Er führte die Petersburger zur Goldmedaille mit der besten Leistung des Abends vor nahezu ausverkaufter Halle, doch ihm fehlte ein wenig der Glanz des Vorjahres. Damals hatte Tamara Moskwina gesagt, man müsse sich Natalia als federleichtes Wölkchen vorstellen, dem Artur sehnsüchtig nachblickt, doch angesichts einiger zusätzlicher Pfunde ihrer Läuferin meinte die Trainerin ein wenig spitz: »Diesmal wirkte Natalia wie eine dunkle, schwere Regenwolke.«

Egal, wie immer man sie bezeichnete, an Wölkchen Wolke kam niemand heran. Allenfalls die Zweiten, die Petersburger Konkurrenten Elena Beschke/Denis Petrow, nicht aber die hoch eingeschätzten Kanadier Isabelle Brasseur/Lloyd Eisler. Als Beste der traditionell starken Nordamerikaner gewannen sie Bronze, aber es war wirklich nicht ihr Abend und der der anderen Paare aus den USA und Kanada. Fast alle strauchelten und stürzten, und so konnten sich die beiden deutschen Paare in der Kür

Eiskunstlauf		
Paare		Pkt.
1. Mischkutionok/ Dmitriew	GUS	**1,5**
2. Beschke/Petrow	GUS	**3,0**
3. Brasseur/Eisler	CAN	**4,5**
4. Kovarikova/ Novotny	TCH	**6,0**
5. Schischkowa/ Naumow	GUS	**7,5**
6. Kuchiki/Sand	USA	**9,0**
7. Schwarz/König	GER	**11,0**
8. Wötzel/ Rauschenbach	GER	**13,0**

noch ein wenig verbessern. Peggy Schwarz und Alexander König, die attraktiven Berliner, hätten mit größerem Wohlwollen der Preisrichter auch auf Rang sechs anstatt sieben landen können. Sie, wie auch das zweite deutsche Paar, Mandy Wötzel/Axel Rauschenbach (Chemnitz/Platz 8), waren ja schon einmal Dritte einer Europameisterschaft, doch der Weg zurück an die Spitze nach dem Zwischenstopp über die deutsche Vereinigung war nicht so leicht zu finden.

Achtungserfolg der deutschen Paare

Doch der Paarlauf-Abend von Albertville mit all seinen Tücken zeigte Schwarz/König, daß es sich gelohnt hatte weiterzumachen. Im Schatten der mächtigen russischen Paarlauf-Tradition gab es schließlich auch eine kleine deutsche. Von einem Liebestraum war da zwar nicht die Rede, aber es kann ja nicht immer nur um die ganz großen Gefühle gehen.

Mit Liszts »Liebestraum« liefen die Welt- und Europameister Natalia Mischkutionok und Artur Dmitriew aus St. Petersburg zum Olympiasieg. Trainerin Tamara Moskwina auf die unvermeidliche Frage nach den Zukunftsplänen: »Die bestehen zunächst aus einem Glas Champagner und einem Kaviar-Sandwich.«

HERREN

Damals in Calgary hieß das Spiel um den Olympiasieg »Brian gegen Brian«, und Amerikas Napoleon Boitano besiegte den kanadischen Hauptmann Orser. Diesmal hatte das Spiel keinen Namen, denn niemand wußte so recht, was zu erwarten war. Boitano und Orser saßen in Zivil auf der Pressetribüne in der Eishalle von Albertville und sahen zu, wer ihre Nachfolge antrat. Als sie es wußten, waren sie nicht viel klüger geworden, denn alles wirkte ein wenig verwirrend an diesem Abend.
Gemischte Gefühle, von Anfang bis Ende. Sie begannen bei Christopher Bowman, dem einstigen Wunderkind aus Hollywood. Nach dem verpatzten Originalprogramm besaß er keine Chance mehr auf den Sieg, und befreit von diesem Druck erging er sich in seiner Lieblingsbeschäftigung, dem Flirt mit dem Publikum. Daß er sich dabei auf den Hintern setzte, störte niemanden, erstaunlicherweise noch nicht einmal die Preisrichter, die ihn vom sechsten auf den vierten Rang beförderten.

Dann kam Kurt . . .

Dann kam Kurt. Drei Jahre in Folge (1989 bis '91) ist der Kanadier Browning Weltmeister gewesen, weil er das Risiko liebte und im entscheidenden Moment die Übersicht behielt. Es kostete ihn viel Kraft, doch davon schien er genug zu besitzen, und aus dem Sprungteufel war im Laufe der Jahre ein sensibler Läufer geworden. Doch nun, beim vermutlich wichtigsten Wettkampf seiner Laufbahn, war nichts mehr davon übrig. Wegen einer Rückenverletzung hatte er in der Vorbereitungszeit wochenlang nicht trainieren können, und nun stolperte er durch seine Kür, strauchelte und stürzte. Zur Musik von Strawinskis »Feuervogel« war er angetreten und sah dabei aus wie einer, der mit gebrochenem Flügel fliegen muß. Es gab niemanden, dem der Weltmeister nicht leid tat, und er wurde oft in die Arme genommen nach der in jeder Hinsicht schmerzhaften Kür. Für den Olympiasieg kam Kurt Browning nicht in Frage.

Milde Richter für Petrenko

Der war für Viktor Petrenko reserviert. 1988 in Calgary hatte der Tänzer aus Odessa Bronze gewonnen hinter Boitano und Orser, und damals dachten viele, der elegante Läufer aus der UdSSR sei der legitime Nachfolger des amerikanischen Siegers. Doch zum ganz großen Wurf hatte es bis zum Beginn der Spiele '92 nicht gereicht; zwei Europameistertitel waren Petrenkos Referenz. Doch nun war der Weg frei für ihn. Der 23 Jahre alte lebenslustige Ukrainer begann vor rund 9000 Zuschauern ebenso sicher und beeindruckend, wie er das Originalprogramm zwei Tage zuvor beendet hatte. Der ersten Kombination mit dem dreifachen Axel, den keiner schöner springt als Petrenko, folgten Salchow und Lutz, doch dann war der Faden gerissen. Rittberger und Flip mißlangen, und beim zweiten Axel stürzte er beinahe. Bleich stand er da in seiner Schlußpose. Er wußte, daß er niemanden überzeugt hatte. Doch die Preisrichter zeigten Milde und zogen Noten bis zu 5,9; Petrenko spürte, daß großes Wohlwollen bestand, ihn zum Olympiasieger zu erklären.

Eiskunstlauf

Herren		Pkt.
1. Petrenko	GUS	1,5
2. Wylie	USA	3,5
3. Barna	TCH	4,0
4. Bowman	USA	7,5
5. Urmanow	GUS	7,5
6. Browning	CAN	8,0
7. Stojko	CAN	10,0
8. Zagorodniuk	GUS	13,0

Es folgte Paul Wylie (USA), ein kleiner (1,60 Meter), gebildeter Mann von der Ostküste. Nie war der Elite-Student US-Meister gewesen, und sein bestes Ergebnis bei einer Weltmeisterschaft war Platz neun. Dabei gab es im Feld der Eiskunstläufer seit Jahren kaum jemanden, der über eine bessere Technik als Wylie (27) verfügt. Und endlich, nach so vielen Jahren, gelang ihm alles. Ein einziges Mal wackelte er leicht, doch dann schwebte er wieder, leicht wie eine Daunenfeder. Als er sich in der letzten Pirouette drehte, schlug schon der Beifall über ihm zusammen, und das Publikum ließ keinen Zweifel daran, wen es als Olympiasieger sehen wollte: Wylie, den Mann aus der zweiten Reihe.

Silber für den Besten

Doch den Preisrichtern fehlte der Mut, die Überraschung perfekt zu machen. Sie setzten Wylie auf Rang zwei, den an diesem Abend matten Tschechoslowaken Petr Barna auf Platz drei und gaben Viktor Petrenko Gold. Der wußte schließlich recht gut, daß er nach einem alten Eiskunstlauf-Prinzip belohnt worden war. Wer lange genug mitmacht, heißt es, werde für die Summe der erlittenen Ungerechtigkeiten irgendwann entschädigt. Und in diesem Sinne durfte der elegante Tänzer aus der Ukraine den Olympiasieg als

Viktor Petrenko aus Odessa, 1988 in Calgary noch Dritter hinter Boitano und Orser, gewann in Albertville die langersehnte Goldmedaille bei den Herren (linke Seite).
Oben: Obwohl die Lokalmatadoren, das in Oberstdorf trainierende Geschwisterpaar Isabelle und Paul Duchesnay, mit ihren Eis-Eskapaden à la bavaraise die Halle zum Kochen brachten, reichte es nach der Eistanz-Kür nur für Silber hinter dem Ehepaar Klimowa/ Ponomarenko.

Lohn für seine gesamte Karriere betrachten.

Vielleicht wird auch Elvis Stojko eines Tages das Vergnügen haben. Am Abend der Männerkür von Albertville saß der Kanadier in der Ecke und verstand die Welt nicht mehr. Als letzter Läufer der Konkurrenz hatte er das schwierigste Programm von allen gezeigt und damit nicht einen einzigen Fehler gemacht. Nun ist Stojko kein eleganter Läufer, und an seinem handfesten Stil mochte mancher etwas auszusetzen haben. Doch daß die Preisrichter den jungen Mann aus Newmarket für seine fehlerlose Leistung quasi bestraften und ihn von Platz sechs auf Platz sieben fallen ließen, verstand bei größtem Verständnis niemand. Vermutlich war es einfach so, daß auch die Preisrichter von der allgemeinen Verwirrung an diesem Abend nicht verschont wurden. Das kommt schon mal vor.

EISTANZ

Es sollte die ganz große Show werden. Ein Abend in Rot-Weiß-Blau für die Franzosen, die Erfüllung ihrer Hoffnungen auf eine Goldmedaille im Eistanz. Als der Vorverkauf der Karten begonnen hatte im Jahr vor den Spielen, waren die Tickets für die dritte Entscheidung des Eiskunstlaufs umgehend ausverkauft, und jeder wußte, worum es ging, um den Olympiasieg von Isabelle und Paul Duchesnay. Spätestens nachdem die

Eiskunstlauf

Eistanz		Pkt.
1. Klimowa/ Ponomarenko	GUS	**2,0**
2. Isabelle und Paul Duchesnay	FRA	**4,4**
3. Usowa/Schulin	GUS	**5,6**
4. Gritschuk/Platow	GUS	**8,0**
5. Calegari/ Camerlengo	ITA	**10,0**
6. Rahkamo/Kokko	FIN	**11,4**
7. Engi/Toth	HUN	**13,6**
8. Yvon/Palluel	FRA	**16,6**

Geschwister einer französischen Mutter und eines kanadischen Vaters im März 1991 in München Weltmeister geworden waren, kannte sie ganz Frankreich. Und fast jeder kannte die Geschichte der beiden, die in Kanada im Eistanz nicht die erhoffte Chance bekommen und deshalb beschlossen hatten, für Frankreich zu starten, die in Oberstdorf bei dem gebürtigen Tschechoslowaken Martin Skotnicky trainierten und deren Choreographie vom englischen Olympiasieger und Weltmeister Christopher Dean stammte. Und natürlich kannten sie erst recht die Geschichte, wie sich Isabelle Duchesnay (28) in den blonden Weltmeister verliebt und ihn im Mai 1991 geheiratet hatte. Mais oui, jeder wußte alles, und das Interesse war riesengroß.

So groß wie acht Jahre zuvor bei Deans Olympiasieg in Sarajewo an der Seite seiner Partnerin Jayne Torvill. Wie damals drängelten sich die Menschen schon im Training, um ihre Lieblinge zu sehen, und sie waren bereit, dafür Eintritt zu bezahlen. Schließlich gab es da ein Geheimnis: Wegen einer Verletzung Pauls waren die Geschwister nicht bei der Europameisterschaft Ende Januar in Lausanne gestartet, und kaum jemand hatte ihre neue Kür vor dem Beginn der Spiele schon einmal live gesehen. Dabei gehörte es noch in jedem Winter der vergangenen Jahre zum Lieblingsspiel vieler Eislauf-Fans zu fragen: Was machen die Duchesnays diesmal?

Doch von Beginn an lief für sie nur wenig nach Plan. Platz drei nach den Pflichttänzen hinter ihren großen Moskauer Gegenspielern Klimowa/ Ponomarenko und Usowa/Schulin konnten sie akzeptieren; in diesem ersten Teil der Tanz-Konkurrenz hatten die Gegner erklärtermaßen Vorteile. Doch die Weichen wurden gestellt beim Originaltanz, der Polka. Auch diese Wertung gewannen Klimowa/Ponomarenko, und so war schon vor Beginn der Kür klar, daß die Duchesnays nur noch Olympiasieger werden konnten, falls die mehrmaligen Welt- und Europameister in der Kür höchstens Platz drei belegten.

So konzentrierte sich am Abend der Entscheidung alles auf den Zweikampf der Geschwister und des erfahrenen Ehepaares aus Moskau. Selbst Maja Usowa und Alexander Schulin spielten diesmal nicht die Rolle wie im Jahr zuvor. Ihre Kür zu einer eigenwilligen Bearbeitung von Vivaldis »Vier Jahreszeiten« bestand aus einigen Passagen höchster tänzerischer Anmut, doch zu oft verkam die Poesie zur Pose. Die Preisrichter hielten sich bewußt zurück; sie hoben sich die Entscheidung auf.

Für Marina Klimowa und Sergej Ponomarenko. Wer sich erinnerte, wie

Die Bronzemedaillengewinner im Eistanz, Alexander Schulin und Maja Usowa aus Moskau, gaben im Eiskunstlaufstadion von Albertville eine ebenso anmutige wie extravagante Interpretation von Antonio Vivaldis »Quattro stazioni« (»Vier Jahreszeiten«) zum besten.

das kleine, schüchterne Mädchen mit dem spitzen Mund als 17jährige bei den Olympischen Spielen in Sarajewo angekommen war, staunte diesmal nicht schlecht über ihren Auftritt. Mit wallender kupferroter Mähne und flatterndem grauen Gewand betrat sie erhobenen Kopfes das Eis; die Herrscherin eines geheimnisvollen Reiches. Die Kür begann mit einer gewagten Pose, und sie endete mit einer noch gewagteren Umarmung, die ein wenig länger dauerte als üblich. Denn als sie da lagen auf dem Eis, wußten Marina Klimowa (26) und Sergej Ponomarenko (32), daß sie mit ihrem Auftritt zu den mächtigen Klängen Johann Sebastian Bachs Olympiasieger geworden waren.

Isabelle und Paul wußten es auch, als sie als letzte aufs Eis gingen. So stolperte die Schwester schon bei den ersten Schritten, und anders als sonst war sie es, die der Hilfe ihres Bruders bedurfte. Gemeinsam überwanden sie alle Hindernisse der Kür zur Ouvertüren-Musik der »West Side Story«, doch anders als in den Jahren zuvor fehlten diesem Programm Phantasie und gewagte Ideen. Vier Winter in Folge hatte das Team der Traumtänzer mit Skotnickys und Deans Ideen Preisrichter und Publikum provoziert, doch nun, zum Ende ihrer Karriere, kehrten die Duchesnays zur Konvention zurück. Sie liefen gut, aber sie begeisterten nicht.

Kristi Yamaguchi aus San Francisco, deren Vorfahren aus Japan stammen, gewann in Albertville Gold in der Damen-Konkurrenz. »Das ist einfach wunderbar. Ich habe nie geglaubt, Olympiasiegerin werden zu können«, freute sich die 21jährige Amerikanerin. Ihre deutsche Vorgängerin Katarina Witt lobte neben den gelungenen notwendigen Sprungelementen »die wunderschöne Choreographie« der Yamaguchi-Kür.

Und so ersparten sie den Preisrichtern letzte Probleme: Gold für Marina Klimowa und Sergej Ponomarenko, Silber für Isabelle und Paul Duchesnay, Bronze für Maja Usowa und Alexander Schulin. Dreimal flüsterte Sergej Ponomarenko auf dem Siegerpodest seiner Frau etwas ins Ohr, dreimal sagte er ihr, daß er sie liebe. Beim Eistanz ist immer alles möglich.

DAMEN

Es ist gar nicht so lange her, da waren nur die größten Fans davon zu überzeugen, ein Besuch bei den Damen-Konkurrenzen könne sich lohnen. Im Bemühen, den Herren nachzueifern und möglichst oft dreifach zu springen, war die Kunst bisweilen auf der Strecke geblieben; die Mädchen stolperten und purzelten, bis es wehtat – ihnen und den Zuschauern. Diese Zeiten sind vorbei, das Eis ist gebrochen, und darunter kam neue Klasse zum Vorschein. So drängelten sich die Zuschauer in der zweckmäßig schönen Halle von Albertville bei der letzten der Eiskunstlauf-Entscheidungen, auf den Rängen flatterten französische, amerikanische und japanische Fahnen, und die Stimmung war bestens.

Die Entscheidung fiel zugunsten der Favoritin. Kristi Yamaguchi (21), die Weltmeisterin von 1991, ein anmutiges Wesen aus Kalifornien, führte schon nach dem Originalprogramm, bei dem sie im Walzertakt zur schönen, blauen Donau schwelgte. Als sie zur Kür aufs Eis glitt, war klar, daß sie sich nur selbst würde besiegen können, denn die vermeintlich hartnäckigste Konkurrentin, Midori Ito aus Japan, lag nur auf Platz vier. Doch Kristi Yamaguchi, deren Vorfahren aus Japan stammen, deren Familie allerdings schon in der vierten Generation in den USA lebt, dachte nicht daran, den anderen eine Chance zu geben. Mehr als die Hälfte ihrer Kür blieb den 9000 Zuschauern zum Raunen und Staunen, denn was die zierliche Weltmeisterin zu spanischen Klängen da zeigte, wirkte beinahe perfekt. Momente des Verweilens führten zu Höchstschwierigkeiten, verbunden von graziösen Linien. Es störte nur jener kurze Augenblick der Unsicherheit, als sie beim dreifachen Rittberger beinahe stürzte; ein Sprung, den sie gewöhnlich wie im Schlaf beherrscht.

Welch ein Gegensatz war der Auftritt der jungen US-Japanerin zu dem der Europameisterin Surya Bonaly. Bonaly, angetreten in einem 50 000 DM teuren Kostüm des französischen Couturiers Christian Lacroix, stand den vierfachen Toe-Loop und weitere sechs Dreifach-Sprünge, doch sie strauchelte auch, und alles sah so hölzern und überhastet aus wie eh und je. Die Preisrichter entschieden sich zur Enttäuschung des Publikums für Nancy Kerrigan und gegen Surya Bonaly, sie gaben der einen die Bronzemedaille und ließen die andere vom dritten auf den fünften Rang fallen.

So stand Kristi Yamaguchi quasi als Bindeglied zweier Kulturen auf der obersten Stufe des Siegerpodestes: rechts von ihr freute sich die Japanerin Midori Ito, der ein gelungener Axel noch die Silbermedaille beschert hatte, links die Amerikanerin Nancy Kerrigan. Die Olympiasiegerin bot das Beste aus beiden Welten.

Eiskunstlauf

Damen		Pkt.
1. Yamaguchi	USA	1,5
2. Ito	JPN	4,0
3. Kerrigan	USA	4,0
4. Harding	USA	7,0
5. Bonaly	FRA	7,5
6. Lu Chen	CHN	10,5
7. Sato	JPN	10,5
8. Preston	CAN	14,0
10. Kielmann	GER	16,5
13. Neske	GER	18,0

Eisschnellauf

Medaillensegen für die deutschen »Eis-Eiligen«

Hinterher sah alles so einfach aus: Kommen, sehen, siegen, sich feiern lassen. Die erfolgreichsten deutschen Athleten und Athletinnen der XVI. Olympischen Winterspiele waren die deutschen »Eis-Eiligen«.

DAMEN

Doch der Reihe nach: Natürlich ging es am Anfang nur um Gunda Niemann, die 25 Jahre alte Läuferin aus Erfurt, überragende Mehrkämpferin der Winter 90/91 und 91/92. »Gunda gewinnt dreimal Gold«, sagte Ard Schenk, Hollands legendärer Altmeister auf den langen Kufen, wenige Tage vor Beginn der Wettkämpfe. Doch solche Arien hört kein Sportler gern, und Gunda Niemann versuchte abzuwiegeln. Es gab eine Goldmedaille, die wollte sie unbedingt, jene, im Wettbewerb über 3000 Meter beim Auftakt der Eisschnellauf-Wettbewerbe von Albertville. Das war jene Strecke, auf der sie den Weltrekord hielt, »ihre« Strecke sozusagen. Weltrekord, daß war kein Thema auf dem Olympia-Oval. Bei der Generalprobe auf der Bahn im Frühjahr 1991 hatten die Läufer die Hände über dem Kopf zusammengeschlagen angesichts der Verhältnisse; das Eis war schlecht, die Bahn lag zur Hälfte in der Sonne und zur Hälfte im Schatten, und immer wieder wehte der Wind Sand herein. Allzu viel Mühe hatten sich die Franzosen mit ihrer Eisschnellauf-Bahn nicht gegeben, vielleicht auch deshalb, weil sie nur ein Provisorium war und nach den Spielen in ein Leichtathletik-Stadion umgewandelt wird. Um zu retten, was zu retten war, riefen sie schließlich um Hilfe und wurden fündig im deutschen Bundesleistungszentrum in Inzell bei Ernst Eidloth. Zaubern konnte auch er nicht, doch der Eismeister aus dem Berchtesgadener Land schaffte es immerhin, die Bahn so zu präparieren, daß hinterher niemand von irregulären Bedingungen sprach.

Das erste »gesamtdeutsche« Gold in Albertville

Am ersten Sonntag der Spiele griff Gunda Niemann an; es blieb ihr nichts anderes übrig. Denn schon im allerersten Paar aller Wettbewerbe trieben sich die in den Wochen zuvor stark verbesserte Österreicherin Emese Hunyady und Gunda Niemanns Erfurter Trainingskameradin Heike Warnicke zu hervorragenden Zeiten. Nach 4:22,88 Minuten setzte Heike Warnicke (25) die erste olympische Marke und konnte anschließend beobachten, wie sich ein Paar von Läuferinnen nach dem anderen vergeblich bemühte, diese Zeit zu erreichen. Das galt auch für das fünfte mit der Niederländerin Yvonne van Gennip, die 1988 in Calgary dreimal Gold gewonnen hatte. Dann startete die Favoritin, und Gunda Niemann ließ von Beginn an keinen Zweifel aufkommen. Bei jeder Zwischenzeit unterbot sie die Werte von Heike Warnicke, und als die die Ziellinie zum letztenmal erreichte, blieb die Uhr bei 4:19,90 Minuten stehen. Gunda Niemann riß sich die Kapuze vom Kopf, reckte die Faust in die Luft und war danach eine ganze Weile nicht ansprechbar. Sie, die sonst gern mal ein Schwätzchen hält, mußte sich erst erholen und begreifen, daß sie es wirklich geschafft hatte. Nur langsam fiel der Druck ab von ihr, und neben der unendlich erleichterten Olympiasiegerin freuten sich zwei andere Frauen aus Erfurt gleich mit: Heike Warnicke, die zweite geworden war, und Gabi Fuß,

die Trainerin der beiden. Die Fortsetzung folgte tags darauf: auf dem Programm stand das kürzeste aller Rennen, der 500-m-Sprint. Und auch da gab es eine hohe Favoritin, an deren Sieg kaum jemand zweifelte: Bonnie Blair aus Champaign/ Illinois im Norden der USA.

Bereits 1988 hatte die Amerikanerin Gold über 500 und Silber über 1000 Meter gewonnen, und das sechste Kind der Eislauf-verrückten Eheleute Eleonor und Charlie Blair machte den Coup perfekt. Als erste Läuferin gewann sie bei zwei Olympischen Spielen in Folge Gold auf der gleichen Strecke und handelte sich dafür gar nach der Siegerehrung noch einen Kuß ihres Fans Don Johnson ein; der Schauspieler und Serienstar (»Miami Vice«) war gut aufgelegt an diesem Nachmittag. Christa Luding hatte sich der Einfachheit halber gleich einen Mann zum Küssen mitgebracht, ihren Gatten Ernst. Daß die 32 Jahre alte Mutter aus Dresden, bereits Eisschnellauf-Olympiasiegerin der Jahre '84 und '88, dazu auch mit Gold im Radsprint bei den Sommerspielen von Seoul belohnt, noch einmal eine Medaille gewann, mutete an wie ein modernes Märchen. Also hielt Christa Luding Bronze in der Hand – Silber gewann die Chinesin Qiaobo Ye – und freute sich noch einmal wie beim allerersten Mal.

Was dann passierte, stand auf keiner Rechnung. Das Rennen über 1500

Die strahlende Olympiasiegerin über 1500 m: Jacqueline Börner. Jeder, der ihre Geschichte kannte, gönnte ihr das Glücksgefühl dieses Augenblicks von Herzen, denn es war noch nicht lange her, daß die Berlinerin ohne fremde Hilfe keine 1500 m gehen, geschweige denn auf dem Eis laufen konnte. Im Mai war sie beim Training auf dem Fahrrad von einem Trabi-Fahrer rüde gerammt und beim Sturz in den Straßengraben schwer verletzt worden.

Meter erlebte die Auferstehung der Jacqueline Börner. Wenige Monate, nachdem sie im Frühjahr 1990 Vierkampf-Weltmeisterin geworden war, wurde die Berlinerin beim Radtraining von einem Trabifahrer über den Haufen gefahren, und sie zog sich dabei schwere Verletzungen an beiden Beinen zu. Viele dachten, ihre Karriere sei damit beendet, aber Jacqueline Börner kämpfte verbissen um jede Verbesserung. Sie kam wieder auf die Beine und zurück aufs Eis und landete auf der obersten Stufe des Olymps – eine unglaubliche Geschichte. Im ersten Paar der Konkurrenz legte sie 2:05,87 Minuten vor, und diese Bestzeit sollte bis zum Ende Bestand haben. Spätestens, als Gunda Niemann fünf Hundertstelsekunden langsamer war, erkannte Jacqueline Börner, was ihr da gelungen war. Und sie freute sich darüber auf eine Art, die unwiderstehlich wirkte. Als sie späer mit der Goldmedaille vor der Brust auf dem Treppchen stand, während ihr zu Ehren die deutsche Hymne gespielt wurde, lachte sie, wie ein Mensch schöner nicht lachen kann: breit und warm, aus vollem Herzen.

Jacqueline Börner gewann eine Menge Fans in diesen Tagen, und manch einer dachte sich, daß es Athletinnen wie sie sind, die eine Sportart mit Leistung, Intelligenz und Herz präsentieren können. Doch mit Verhältnissen wie in den Niederlanden oder Norwegen, in denen die Massen zum Eisschnellauf pilgern, wird sich das alles nie vergleichen lassen. Davon wußte auch Bonnie Blair ein Lied zu singen, die sich sicher sein konnte, nach den Spielen auf den Titelphotos der Sportmagazine zu erscheinen und danach wieder mehr oder weniger in der Versenkung zu verschwinden. So genoß sie es, für ein paar Tage im Mittelpunkt zu stehen, Pressekonferenzen vor vollbesetzten Reihen zu halten und sich der Illusion hinzugeben, endlich interessiere sich die Öffentlichkeit für die Außenseiter und Gleiter auf den langen Kufen.

Mit ihrem Sieg über 500 Meter hatte sie den ersten Titel ihrer Mission Gold erfüllt, und beim langen Sprint über 1000 Meter folgte Teil zwei. Im Rennen gegen die Berlinerin Angela Hauck legte Bonnie Blair 1:21,90 Minuten vor und zeigte sich danach in aller Ruhe ihren Fans, Freunden und Verwandten, die mit mehr als 50 Leuten in Gruppenstärke aus Champaign mit nach Frankreich gekommen waren. Sie alle wußten genau, daß Gefahr bestand, als die aparte Chinesin Qiaobo Ye und die Berlinerin Monique Garbrecht nach dem Startschuß losstürmten. Doch Bonnie Blair blieb das Glück treu: Zwei Hundertstelsekunden, umgerechnet 24 Zentimeter, betrug schließlich ihr Vorsprung auf Ye, zwei Zehntel auf Monique Garbrecht.

In jedem Frauenrennen mindestens eine Medaille – die Deutsche Eis-

Eisschnellauf

500 m, Damen		Sek.
1. Blair	USA	**40,33**
2. Qiaobo Ye	CHN	**40,51**
3. Luding	GER	**40,57**
4. Garbrecht	GER	**40,63**
5. Aaftink	NED	**40,66**
6. Auch	CAN	**40,83**
7. Shimazaki	JPN	**40,98**
8. Hauck	GER	**41,10**
10. Baier	GER	**41,30**

Eisschnellauf

1000 m, Damen		Min.
1. Blair	USA	**1:21,90**
2. Qiaobo Ye	CHN	**1:21,92**
3. Garbrecht	GER	**1:22,10**
4. Aaftink	NED	**1:22,60**
5. Hashimoto	JPN	**1:22,63**
6. Dascalu	ROM	**1:22,85**
7. Luding	GER	**1:23,06**
8. Baier	GER	**1:23,31**
13. Hauck	GER	**1:24,11**

Eisschnellauf

1500 m, Damen		Min.
1. Börner	GER	**2:05,87**
2. Niemann	GER	**2:05,92**
3. Hashimoto	JPN	**2:06,88**
4. Polozkowa	GUS	**2:07,12**
5. Garbrecht	GER	**2:07,24**
6. Bajanowa	GUS	**2:07,81**
7. Hunyady	AUT	**2:08,29**
8. Warnicke	GER	**2:08,52**

schnellauf-Gemeinschaft (DESG) war wie erwartet zur berechenbaren Größe auf dem Eis-Oval von Albertville geworden. Und folgerichtig endeten die Rennen über 5000 Meter mit einer deutschen Meisterschaft. Mit einem erneuten Doppelsieg von Gunda Niemann und Heike Warnicke hatten die Konkurrentinnen wohl gerechnet, doch daß die Deutschen nun noch nicht einmal die Bronzemedaille übrigließen, paßte prima ins Bild. Claudia Pechstein, die ein paar Tage nach ihrem ersten großen Erfolg erst 20 Jahre alt wurde, verdrängte die bis dahin auf Rang drei liegende Holländerin Carla Zijlstra im Ziel um 1,3 Sekunden. Mit einem erleichterten Blick auf die Anzeigetafel schloß die junge Berlinerin ihren ersten olympischen Auftritt ab, und mit roten Wangen stand sie später auf dem Podest mit der Bronzemedaille um den Hals.

Gunda Niemann als überragende Läuferin der Eisschnellauf-Wettbewerbe, neun von insgesamt 15 Medaillen gewonnen (sieht man von den Short-Track-Disziplinen ab) – die ins vereinte Deutschland gerettete Überlegenheit der Läuferinnen aus der ehemaligen DDR erinnerte an das Jahr ihrer größten Erfolge, 1984 in Sarajewo, als sie der Konkurrenz lediglich drei Bronzemedaillen ließen. Auf der olympischen Bahn von Albertville gab es von Beginn bis Ende nur eine Parole: »Man spricht deutsch.«

»Go for gold – go for the medal!« – In der 5000-m-Konkurrenz machten die deutschen Eisschnellläuferinnen das Unmögliche möglich und erkämpften sich alle drei Medaillen. Gunda Niemann (ganz oben), die Siegerin über 3000 m und Zweite über 1500 m, gewann Gold nach dem Motto »Mit Gold und Silber läuft's sich leichter«, Heike Warnicke (oben rechts) holte Silber und Claudia Pechstein (oben links) Bronze.

Eisschnellauf

3000 m, Damen		Min.
1. Niemann	GER	**4:19,90**
2. Warnicke	GER	**4:22,18**
3. Hunyady	AUT	**4:24,64**
4. Zijlstra	NED	**4:27,18**
5. Boiko	GUS	**4:28,00**
6. van Gennip	NED	**4:28,10**
7. Bajanowa	GUS	**4:28,19**
8. Börner	GER	**4:28,52**

Eisschnellauf

5000 m, Damen		Min.
1. Niemann	GER	**7:31,57**
2. Warnicke	GER	**7:37,59**
3. Pechstein	GER	**7:39,80**
4. Zijlstra	NED	**7:41,10**
5. Prokaschewa	GUS	**7:41,65**
6. Boiko	GUS	**7:44,19**
7. Bajanowa	GUS	**7:45,55**
8. van Schie	NED	**7:46,94**

HERREN

In strömendem Regen, bei Sonnenschein und Wind siegten Favoriten und Außenseiter, gab es Stürze und sensationelle Aufstiege. Auf den Rängen feierten die holländischen Fans, wie sie es immer tun, und ohne ihre Unterstützung wäre mancher Wettbewerb in Stille vor großer Bergkulisse zu Ende gegangen. Für die Sänger in Orange begann das Unternehmen Olympia mit einem Riesenspaß, und so endete es auch.

Die erste Woche war fast vorüber, die meisten der Medaillen bei den Frauen schon vergeben, als die Herren zu ihrem ersten Rennen starteten, 5000 Meter, die kürzere der Langstrecken. Es herrschten Bedingungen, bei denen man gewöhnlich keinen Hund vor die Tür jagt. Der Himmel hing trüb über den Bergen, es goß wie aus Kübeln, doch das alles wirft einen niederländischen Eislauf-Fan nicht um. Nach dem sechsten Paar lagen drei Holländer auf den Plätzen eins bis drei: der im Winter 91/92 sensationell aufgestiegene Falko Zandstra, Altmeister Leo Visser und Bart Veldkamp. Doch ein anderer Altmeister zerstörte ihren Traum, der Norweger Geir Karlstad aus Lorenskog. Als einziger der 36 Starter blieb der 28 Jahre alte Hüne unter der Sieben-Minuten-Grenze, und wenn es jemanden gab, dem die Holländer diesen Coup verziehen, dann war das eben dieser Geir Karlstad, der in seiner langen, erfolgreichen Laufbahn noch nie eine olympische Medaille gewonnen hatte.

Aus deutscher Sicht gab es keine Frage, welcher der fünf Eisschnelllauf-Wettbewerbe der Männer im Mittelpunkt des Interesses stand: Das Sprintrennen über 500 Meter verbunden mit der Frage, ob der Berliner Uwe-Jens Mey cool genug sei, wie 1988 in Calgary die Goldmedaille zu gewinnen, also jenes Kunststück zu wiederholen, das dem Münchner Erhard Keller mit den Olympiasiegen von 1968 und 1972 gelungen war. Und wenn es jemanden gab, auf dessen Nervenstärke man sich verlassen konnte, dann war es eben dieser Uwe-Jens Mey. Der sah zwar trotz seiner 28 Jahre noch immer aus wie ein Junior, an Cleverneß und Geschäftstüchtigkeit aber konnte es kaum einer mit ihm aufnehmen. Er stach schon zu DDR-Zeiten aus der Masse heraus, und daran hatte sich im vereinten Deutschland nichts geändert. Von einem Duell allerdings wollte Mey von Beginn an nichts wissen, obwohl er und der Amerikaner Dan Jansen, mit dem er gut befreundet ist, alle vorhergehenden Rennen der Saison gewonnen und nacheinander zweimal den Weltrekord verbessert hatten; der stand nun auf 36,41 Sekunden.

Mey vier Hundertstel vorn

Als Mey startete, war schon klar, daß Jansen nicht mehr würde gewinnen können. Im dritten Paar verbesserte der Japaner Yunichi Inoue die bisherige Bestzeit des Amerikaners. Dann ging die Post ab: Mey war wie immer auf den ersten hundert Metern einer der schnellsten. Nach 9,78 Sekunden passierte er zum erstenmal die Ziellinie, nach 37,14 Sekunden erreichte er sie zum zweitenmal, und es gab niemanden, der schneller war, auch diesmal nicht. Zwar kam ihm ein weiterer Japaner, Toshiyuki Kuroiwa aus der großen Familie der Kuroiwas, noch einmal gefährlich nahe, doch der Vorsprung des Berliners betrug schließlich vier Hundertstelsekunden;

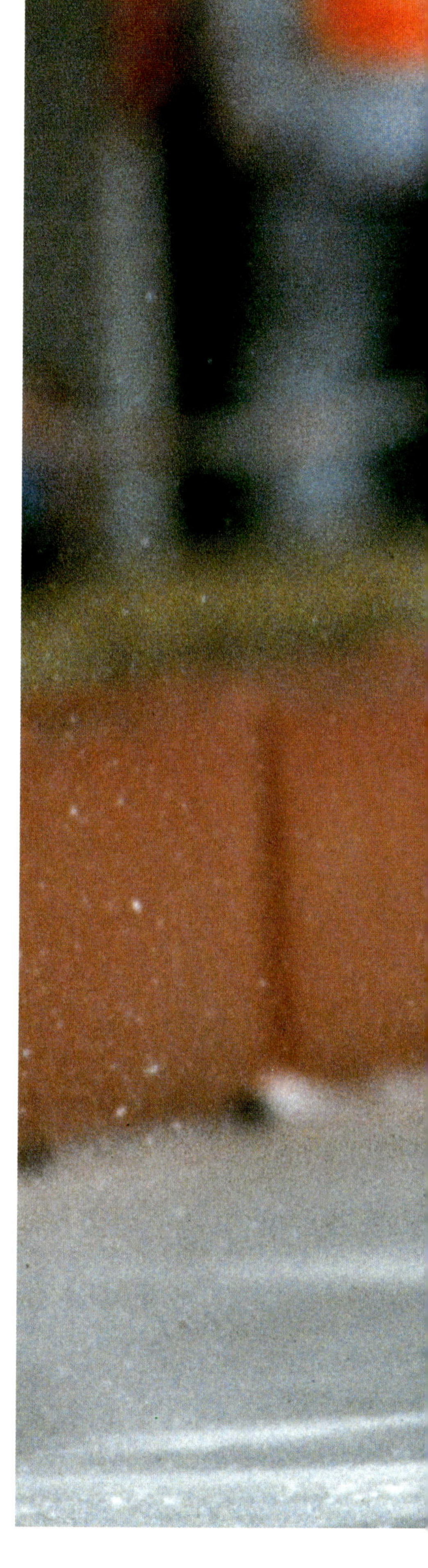

1992 wie schon 1988 der Schnellste auf der 500-m-Strecke: der Berliner Uwe-Jens Mey. Warum er mit Dreitage-Bart an den Start gegangen ist? »Weil meine Frau gesagt hat: ›Wer sich rasiert, der verliert.‹«

das war ein weniger als kommoder, aber mehr als knapper Vorsprung. Die zahlreichen Fans aus Deutschland feierten ihn mit den an anderer Stelle berühmt gewordenen Gesängen »Uwe, Uwe«, und der Meister selbst machte den Eindruck, nun habe er seinen Willen bekommen. Bei der Gratwanderung zwischen Sicherheit und Risiko, auf die sich jeder Sprinter begibt, fand Uwe-Jens Mey wieder die richtige Spur zum Gipfel.

Der Siegeszug der Routiniers setzte sich auch im dritten Wettbewerb fort. Die Norweger feierten über 1500 Meter einen Doppelsieg durch Johann Koss und Adne Soendral, für die Niederländer blieb durch Leo Visser wieder nur Rang drei. Auf Rang sechs landete ein gewisser Olaf Zinke aus Berlin, Trainingspartner des Olympiasiegers Uwe-Jens Mey.

Zinke? Der Mann sorgte dafür, daß man sich seinen Namen merken mußte. Kein Norweger, Niederländer, Amerikaner oder Japaner gewann das 1000-Meter-Rennen, sondern eben jener selbst in Deutschland nahezu unbekannte Olaf Zinke. Im sechsten Paar stellte er die Bestzeit von 1:14,85 Minuten auf, und mit einer guten Portion Glück hielt sie bis zum Schluß. Denn ein Läufer, mit dem ebenfalls kaum jemand gerechnet hatte, strapazierte Zinkes Nerven und die seines erfolgreichen Trainers Joachim Franke aufs äußerste: Yoon-Man Kim aus Südkorea, 20 Jahre alt. Zu den Favoriten zählten die Südkoreaner in den erstmals offiziell zum olympischen Programm zählenden Short-Track-Wettbewerben, nicht aber im Freien auf dem 400-m-Oval. Als Kim im Ziel die Lichtschranke durchbrach, blieb die Zeitmessung bei 1:14,86 Minuten stehen; Kim hatte Zinkes Bestzeit um eine Hundertstelsekunde verpaßt, umgerechnet um 13 Zentimeter, noch nicht einmal die Hälfte einer Schnellauf-Kufe. Als der Sieg des Berliners endlich feststand, spielten sich trotz all der deutschen Erfolge auf der Olympiabahn von Albertville gigantische Freudenszenen ab. Franke klopfte seinem Schützling begeistert auf den Rücken und nannte ihn einen Teufelskerl, die deutschen Damen kamen und vergossen ein paar Tränen, und Jacqueline Börner hielt die Stunde des Triumphs mit der Pocketkamera fest für die Ewigkeit. Uwe-Jens Mey, der wegen einer Angina auf den Start über 1000 Meter verzichtet hatte, war schon während Zinkes Lauf als Co-Kommentator der ARD völlig ausgeflippt und zeigte Emotionen, die man bei seinem eigenen Sieg vergebens suchte. Auf den Rängen intonierten die Fans, woran in solchen Fällen einfach kein Weg vorbeiführt: »So ein Tag, so wunderschön wie heute.« Es war wirklich kaum zu glauben, und so wurde fast ein wenig übersehen, daß ein weiterer Berliner, Peter Adeberg, Fünfter wurde.

Zwei zu zwei stand der Länderkampf zwischen Norwegen und Deutschland also vor dem letzten Wettbewerb, und schließlich fanden auch die Holländer noch zu ihrem Glück.

Hollands Ehrenretter: »Marathonsieger« Bart Veldkamp

Bart Veldkamp aus Den Haag war im Marathon über 10 000 Meter der ausdauerndste, konstanteste und schnellste Läufer und gewann vor den Norwegern Koss und Karlstad. Für Veldkamp bedeutete der Sieg, was er allen Goldmedaillen-Gewinnern bedeutet, die Erfüllung eines Traums. Und für die Eisschnellauf-Nation Niederlande war es der erste Olympiasieg seit Piet Kleines Erfolg über 10 000 Meter 1976. Doch Niederländer sind geduldige Menschen.

Gold für Olaf Zinke (oben), den strahlenden Überraschungssieger in der 1000-m-Konkurrenz. Als »Überraschungsverlierer« ging der Weltrekordler über 500 m, der Amerikaner Dan Jansen (rechte Seite), bei den Olympischen Spielen in Albertville leer aus.

Eisschnellauf

500 m, Herren		Sek.
1. Mey	GER	37,14
2. Kuroiwa	JPN	37,18
3. Inoue	JPN	37,26
4. Jansen	USA	37,46
5. Miyabe	JPN	37,49
van Velde	NED	37,49
7. Golubjew	GUS	37,51
8. Schelesowski	GUS	37,57
23. Adeberg	GER	38,33
25. Zinke	GER	38,40

Eisschnellauf

1000 m, Herren		Min.
1. Zinke	GER	1:14,85
2. Kim	KOR	1:14,86
3. Miyabe	JPN	1:14,92
4. van Velde	NED	1:14,93
5. Adeberg	GER	1:15,04
6. Schelesowski	GUS	1:15,05
7. Thibault	CAN	1:15,36
8. Guljajew	GUS	1:15,56

Eisschnellauf

1500 m, Herren

			Min.
1.	Koss	NOR	**1:54,81**
2.	Soendral	NOR	**1:54,85**
3.	Visser	NED	**1:54,90**
4.	Ritsma	NED	**1:55,70**
5.	Veldkamp	NED	**1:56,33**
6.	Zinke	GER	**1:56,74**
7.	Zandstra	NED	**1:56,96**
8.	Karlstad	NOR	**1:56,98**
13.	Tröger	GER	**1:57,42**
15.	Adeberg	GER	**1:57,54**

Eisschnellauf

5000 m, Herren

			Min.
1.	Karlstad	NOR	**6:59,97**
2.	Zandstra	NED	**7:02,28**
3.	Visser	NED	**7:04,96**
4.	Dittrich	GER	**7:06,33**
5.	Veldkamp	NED	**7:08,00**
6.	Flaim	USA	**7:11,15**
7.	Koss	NOR	**7:11,32**
8.	Schön	SWE	**7:12,15**
13.	Tröger	GER	**7:17,62**

Eisschnellauf

10 000 m, Herren

			Min.
1.	Veldkamp	NED	**14:12,12**
2.	Koss	NOR	**14:14,58**
3.	Karlstad	NOR	**14:18,13**
4.	Vunderink	NED	**14:22,92**
5.	Sato	JPN	**14:28,30**
6.	Hadschieff	AUT	**14:28,80**
7.	Bengtsson	SWE	**14:35,58**
8.	Johansen	NOR	**14:36,09**
15.	Tröger	GER	**14:45,41**
20.	Dittrich	GER	**14:50,23**
23.	Jeklic	GER	**14:51,89**

Short Track

Wildes Treiben auf der 111,12-Meter-Bahn

Wenn Kinder neu sind, müssen sie sich ihren Platz unter ihresgleichen erst erkämpfen. Den Short-Track-Athleten ergeht es da nicht anders. »Diese Goldmedaille ist genauso eine Goldmedaille wie jede andere bei den Spielen.« Leicht verärgert reagierte Weltmeisterin Nathalie Lambert nach dem Staffel-Triumph des kanadischen Quartetts auf die Frage nach dem Wert des Olympiasieges. Insbesondere die Europäer taten sich in Albertville noch schwer, die Kurzbahn-Eisschnelläufer als jüngstes Mitglied in der olympischen Familie vorbehaltlos willkommen zu heißen. Obwohl vor knapp hundert Jahren in Mittelengland geboren, ist Short Track später von Amerikanern und Asiaten adoptiert worden und in seiner Heimat zunehmend in Vergessenheit geraten. Was Wunder, daß Südkoreaner, US-Amerikanerinnen und Kanadierinnen das Gold unter sich aufteilten.

Die wichtigste Regel: Der Schnellste ist Sieger

Der Begeisterung des Publikums tat das dennoch keinen Abbruch. Wer die wesentlichen Regeln – und die sind recht einfach – kapiert hatte, konnte sein Vergnügen haben am wilden Treiben auf der 111,12-Meter-Bahn. Es genügt zu wissen: Der Schnellste ist Sieger, und wer andere behindert, wird aus dem Rennen genommen.

Hochstimmung in der Halle

Daß der Laie gerade bei den eigenwilligen Staffel-Wettbewerben leicht die Übersicht verliert – halb so schlimm. Die 12 Läufer samt den diversen Schiedsrichtern und deren Assistenten verbreiten mit ihrem Treiben den Eindruck von Lebendigkeit, die neugierig macht. Und daß die Zuschauer in der meist ausverkauften 9000-Plätze-Halle in Albertville sich grölend und johlend aufführen wie auf der Kirmes, rundet das Bild ab, das im starken Kontrast zu jener hochherrschaftlichen Stille steht, die von den traditionellen Eisschnelläufern auf dem 400-Meter-Oval geboten wird.

Sie sind ohnehin höchst ungleiche Verwandte. Verglichen mit den Klassikern erscheint Short Track wie ein übermütiger Kindergarten. Alle tragen sie große gelbe Schaumstoffhelme, in den engen Kurven stützen sie sich mit der linken Hand auf dem Eis ab wie ein Motorradrennfahrer mit dem Knie. Die Bahnen sind nicht streng getrennt, es gibt nur eine Ideallinie, und um die wird hart gekämpft. Stürze sind keine Seltenheit, darum ist die Bande rundherum mit dicken Matten wie die Wiege eines Neugeborenen gepolstert.

Kinder überflügeln irgendwann einmal ihre älteren Vorfahren. Short Track wird die konventionellen Eisschnellauf-Wettbewerbe kaum verdrängen, dazu sind diese viel zu etabliert. Aber neben dem großen Bruder lebt es sich manchmal auch ganz gut.

Von den Anhängern des »klassischen« Eisschnellaufs noch nicht recht ernstgenommen: Short Track, bei den XVI. Olympischen Winterspielen erstmals olympische Disziplin. Das Publikum in Albertville jedenfalls goutierte das wilde Treiben auf dem Eis: Die Halle mit ihren 9000 Plätzen war fast immer ausverkauft, wenn sich die Short-Track-Matadore aus Kanada und Korea, Japan und China, den USA, Neuseeland und der GUS zum Wettlauf stellten.

Eisschnellauf

Short Track, 500 m, Damen		Sek.
1. Turner	USA	47,04
2. Yan Li	CHN	47,08
3. Hwang Ok-Sil	PRK	47,23
4. Velzeboer	NED	47,28
5. Pylajewa	GUS	48,42
6. Lambert	CAN	48,50
7. Wlasowa	GUS	48,70
8. Wang	CHN	Min. 1:43,12

Eisschnellauf

Short Track, 1000 m, Herren		Min.
1. Kim	KOR	1:30,76
2. Blackburn	CAN	1:31,11
3. Lee	KOR	1:31,16
4. McMillen	NZL	1:31,32
5. O'Reilly	GBR	1:36,24
6. Blanchert	BEL	1:36,28
7. Lackie	CAN	1:36,28
8. Daignault	CAN	1:37,10

Eisschnellauf

Short Track, 3000-m-Staffel, Damen	
1. CAN	Min. 4:36,62
2. USA	4:37,85
3. GUS	4:42,69

Eisschnellauf

Short Track, 5000-m-Staffel, Herren	
1. KOR	Min. 7:14,02
2. CAN	7:14,06
3. JPN	7:18,18

Bob

Man spricht deutsch im Eiskanal

Die Kuhglockenserenade übertönte alles. Bimm-bamm machte es in La Plagne. Ungeduldig haben die Schweizer auf den ersten Olympiasieg gewartet, überschwenglich wird er gefeiert, dramatisch kam er zustande. Erst im vierten und abschließenden Lauf der Zweierkonkurrenz preschten Bobpilot Gustav Weder und Bremser Donat Acklin auf Position eins. Goldmedaille, bummbimm. Gleich daneben aber eine Fahnenpolonäse in Weiß-Blau und Schwarz-Rot-Gold: Lochner hatte Silber gewonnen, Langen Bronze.

ZWEISITZER

Noch nach dem ersten Tag des Rennens scheinen nicht nur der favorisierte Weder, sondern auch die von den Experten gesetzten zwei Deutschen geschlagen. Mark Tout (Großbritannien I) startet als erster und findet den schnellsten Weg durch den Eiskanal. Danach setzt heftiges Schneetreiben ein, »scheißhohe Startnummer«, wird Lochner bei Halbzeit mosern. »Ich konnte nichts sehen.« Blindgelenkt rattert sein Zweisitzer durch die inzwischen verhunzte Spur, Eisbrocken spritzen durch die Luft, zwischendurch prasselt Regen hernieder. Schließlich zieht Sonne auf, der Gleitbelag weicht auf, Medaille futsch, glaubt Bundestrainer Raimund Bethge. Lochner, der Weltmeister von 1991, ist zunächst Elfter und verbessert sich vor den verbleibenden zwei Abfahrten auf Position zehn.

Gold beschlossen beim Bier

Konkurrent Weder nährt beim Nachtessen in der Unterkunft der Athleten die Hoffnung. Gusti nennen sie den Sportlehrer daheim in St. Gallen, »Perfektionist«, sagen die Rivalen. 13 Medaillen hat er bislang für sich, sein Land und den Bobclub Zürichsee gesammelt, doch Anschub und Einstieg der ersten Niederfahrt mißlingen total. Der Lenker springt zu früh in den Kunststoff-Schlitten, sein Hintermann ist geistesabwesend noch früher drin, das Resultat: Platz neun. Im zweiten Durchgang gelingt der Vorstoß an die fünfte Stelle. Weder geht mit Kumpel Acklin anschließend auf ein Bier. »Donat«, soll er da gesagt haben, »Donat, alles vergessen. Du bringst mir am Sonntag zwei Superstarts und ich dich zu Gold.«

Danach haben die Schweizer prächtig geschlafen. Warum bloß? Weder: »Weil ich wußte, wie miserabel es den anderen geht.« Den anderen, die noch nie einen Vorsprung hatten verteidigen müssen.

Erstmals mußte jede Nation mit dem Einheitsbob antreten, 400 Konstruktionsbestimmungen hat der Weltverband FIBI erlassen und damit die Vorteilsnahme auf die richtige Wahl der Kufen reduziert. Weder hatte am ersten Tag Kälteschienen untergeschraubt, ein Fehlgriff, wie sich bei steigender Außentemperatur herausstellte. In Lauf drei und vier fuhr er dann Wärmegleiter, die eigens bei Leica in Heerbrugg geordert worden sind, aber noch nie Verwendung fanden. Diesmal hatte der Schweizer auf das richtige Material vertraut, flitzte ohne Bandenberührung durch die Führungsröhren in kaum mehr als 60 Sekunden. Bestzeit, Erstplazierter nach Lauf vier, bimm-bamm-bumm.

Silber und Bronze für Deutschland

Der englische Panzer-Sergeant Tout wurde vom eigenen Bremser gestoppt. In der letzten aller 29 Kurven hob Paul Lennox sein behelmtes Haupt, und Großbritannien I schlingerte über den Zielstrich, aus und vorbei. Rudi Lochner stand zu diesem Zeitpunkt mit nackten Waden

Bahn frei für »Deutschland I« mit Rudi Lochner und Markus Zimmermann, die im Eiskanal von La Plagne das Kunststück fertigbrachten, »von elf auf zwei« zu fahren – nach dem verpatzten ersten Lauf fanden sich die beiden Bayern auf Platz elf in der Gesamtwertung wieder, nach dem vierten und letzten Lauf gehörte ihnen die Silbermedaille. Mit acht Zehntelsekunden Rückstand gewann der zweite deutsche Zweier-Bob mit Christoph Langen und Günther Eger Bronze; Gold ging an »Schweiz I« mit Gustav Weder und Donat Acklin.

im Schnee und dampfte eine Zigarette nach der anderen. Zwei Wochen vor den Olympischen Spielen rissen seinem Bremser Markus Zimmermann die Bänder gleich doppelt im Fuß. In La Plagne hatten beide die besten Startzeiten. »Ein Wunder«, befand Lochner und nutzte am zweiten Tag diesen minimalen Vorteil. Wie an der Schnur gezogen rauschte sein Bob durchs Innere des grauen Betonlindwurms und landete hinter Weder auf Rang zwei. Teamkollege Langen war von Beginn an vorne mit dabei, vor dem letzten Durchgang aussichtsreicher Vierter, entstieg dann aber schimpfend seinem Untersatz, weil er hinter Lochner zurückgefallen war. Am Urgeschrei aus dessen Ecke vernahm Langen, daß erst der Österreicher Appelt, danach der Italiener Huber, beide bis dahin günstiger plaziert, ihren Eisslalom verpatzten. Die zwei Deutschen fielen sich um den Hals, schlugen einander krachend auf die Schulter und tanzten, als verbinde sie eine tiefe Freundschaft und nicht ausschließlich Respekt.

Unterschiedlicher könnten zwei Sportler der Branche kaum sein. Rudi Lochner ist ein Spätstarter, begann mit 30, wurde mit 37 Weltmeister. Langen (29) stieg erst vor einem Jahr als Pilot in den Zweierbob. Vier Jahre ließ er sich auf den billigen Plätzen im Vierer befördern, immer nur Schieben und Ducken war dem einstigen Leichtathleten aus Unterhaching bei München schließlich doch zuwenig. Zweimal gab er bei internationalen Wettbewerben bislang die Richtung in der Rinne vor, es folgten Rang zwei bei der Europameisterschaft, nun Bronze bei Olympia. Bremser Günther Eger sagt: »Christoph ist ehrgeizig, zuverlässig und trainingsfleißig.« Langen meint: »Ein bißerl Talent hab' ich wohl auch.« Und Bundestrainer Bethge glaubt: »Das ist die Mannschaft der Zukunft.«

Kopfunter durch den Eiskanal

Und immer mehr Typen lockt Tempo 120, der Rausch der Geschwindigkeit, in den Rennschlitten. Seine Hoheit Prinz Albert zog für Monaco an den Lenkdrähten, der Football-Profi Herschel Walker aus Minnesota schubste USA in die Bahn. Die Jungferninseln waren in La Plagne vertreten, desgleichen die Bobnation Jamaica, und Puerto Rico II schlitterte kopfunter zum Ziel, passiert ist gottlob wenig. Bei allem Bemühen um Chancengleichheit, trotz Normbob, waren die Besten am Ende vorne. Der Allerbeste, Gusti Weder, hat seinen Triumph still und kurz genossen. Wenige Stunden nach dem Olympiasieg tüftelte der Schweizer bereits an seinem Gefährt für die Viererbob-Konkurrenz. Perfektionist eben.

Ein letztes Wörtchen bei Olympia hatte Bobpilot Wolfgang Hoppe mit seinen Oberhofer Mitstreitern Musiol, Kühn und Hannemann mitzureden: Silber für »Deutschland I«!

Bob		
Zweisitzer		Min.
1. Weder/Acklin	SUI I	**4:03,26**
2. Lochner/ Zimmermann	GER I	**4:03,55**
3. Langen/Eger	GER II	**4:03,63**
4. Appelt/Schroll	AUT II	**4:03,67**
5. Huber/Ticci	ITA I	**4:03,72**
6. Tout/Paul	GBR I	**4:03,87**
7. Shimer/ Walker	USA I	**4:03,95**
8. Rainer/Bachler	AUT I	**4:04,00**

Bob		
Viersitzer		Min.
1. Appelt/Winkler/ Haidacher/Schroll	AUT I	**3:53,90**
2. Hoppe/Musiol/ Kühn/Hannemann	GER I	**3:53,92**
3. Weder/Acklin/ Schindelholz/Morell	SUI I	**3:54,13**
6. Czudaj/Bonk/ Jang/Szelig	GER II	**3:54,42**

VIERSITZER

Wenige Tage vor der olympischen Eröffnungsfeier hatte Harald Czudaj gestanden, aus freien Stücken, die Seele mußte entlastet werden: Mitarbeit für die Staatssicherheit damals in der DDR. Ausführlich hat er seine Geschichte erzählt, vom Autounfall 1988, er war alkoholisiert und hat 1989 nicht mehr anders können, als eine Verpflichtungserklärung zu unterschreiben. Er ist genötigt worden unter der Drohung, nicht mehr Bob fahren zu dürfen. Das war nicht wenig für den Mann, der mit den Beifahrern Bonk, Jang und Szelig (alle Altenberg) kurz vor dem Vierer-Wettbewerb in La Plagne die Europameisterschaft gewann. Verbandspräsident Klaus Kotter bekundete Respekt für Czudajs Ehrlichkeit und drückte dessen Startberechtigung durch. Der Wirbel um seine Person blieb nicht ohne Wirkung. Auf den 1705 Metern der ersten Abfahrt patzte der Pilot so stark, daß es um alle Medaillenchancen geschehen war. An sechster Stelle lag er nach dem ersten Tag und der zweitbesten Zeit im zweiten Lauf, Sechster ist er geblieben. Ein Resultat, mit dem Czudaj leben konnte.

Wie auch Wolfgang Hoppe, der deutsche Fahnenträger, mit seiner errungenen Silbermedaille. Erst im dritten Druchgang verloren er und seine Mitstreiter (Musiol, Kühn, Hannemann, alle Oberhof) trotz blendender Startzeiten die Führung an den Österreicher Ingo Appelt, der diese verteidigen und Gold gewinnen konnte. Hoppe wurde dennoch erfolgreichster olympischer Bobpilot: Er gewann zweimal Gold 1984 (in Sarajewo), zweimal Silber 1988 (in Calgary) und nun ein weiteres Mal Silber. Bronze fiel an den Gewinner der Zweierkonkurrenz, den Schweizer Gustav Weder.

Biathlon

Deutschland, deine Skijäger

Deutschland, deine Skijäger! Sie gaben das Tempo an und den Ton (thüringisch-sächsisch vorwiegend) im Schlittschuhschritt auf dem blütenweißen Neuschnee und am Schießstand von Les Saisies mit der Kleinkaliberbüchse. Hei, wie glitten die Langlauflatten, wie pfiffen und klackten die Schüsse der Biathleten im buntscheckigen Renndreß mit dem Bundesadler! Manchem der düpierten Konkurrenten mag es schon wie purer Großmut erschienen sein, daß die vereinten Deutschen am Ende von der Jagdbeute für die anderen etwas übrigließen.

HERREN

Wer den Männern der Bundestrainer Frank Ullrich (Suhl) und Norbert Baier (Mittenwald) noch kurz vor dem 10-km-Sprintrennen zum Auftakt vorhergesagt hätte, sie würden Gold und Silber heimbringen von der anstrengendsten je durchmessenen Strecke hoch droben auf 1700 Meter Seehöhe, dem hätten sie nur ein ungläubiges Lächeln geschenkt. Im Weltcup waren sie zuletzt in ein Leistungstief gefallen, einer ihrer Besten, der WM-Zweite Frank Luck aus Oberhof, hatte wegen der Kinderkrankheit Mumps vorzeitig die Heimreise antreten müssen. Allein der dreifache Weltmeister Mark Kirchner aus der Oberhofer Medaillenschmiede des Frank Ullrich und des nach Dopingvorwürfen zurückgetretenen Disziplintrainers Kurt Hinze war steif und fest dabei geblieben: Bisher habe es mit der Vorbereitung auf den Jahreshöhepunkt »immer geklappt«, warum also auch nicht diesmal bei seiner ersten olympischen Bewährungsprobe bei den XVI. Winterspielen?

»Ich hab' eigentlich immer an mich geglaubt«, sagte der 21jährige im Ziel, gewohnt nüchtern und erleichtert über das Riesenglück, »daß ich heute erstmals in diesem Winter das Kunststück geschafft habe, daß ich

Die Blumen hatten sie sich wahrlich verdient: Nach dem Motto »Alles oder nichts« erkämpfte sich die deutsche Staffel (von links: Jens Steinigen, Ricco Groß, Fritz Fischer und Mark Kirchner) über 4×7,5 km in Les Saisies die erste olympische Goldmedaille in der Biathlon-Geschichte. Den hochfavorisierten Russen blieb erstmals nach sechs Olympiasiegen in Folge nur Silber.

Biathlon

10 km, Herren		Min.
1. Kirchner	GER	**26:02,3**
2. Groß	GER	**26:18,0**
3. Eloranta	FIN	**26:26,6**
4. Tschepikow	GUS	**26:27,5**
5. Kirienko	GUS	**26:31,5**
6. Steinigen	GER	**26:34,8**
7. Zingerle	ITA	**26:38,6**
8. Cyr	CAN	**26:46,4**
9. Roetsch	GER	**26:54,1**

Biathlon

4×7,5-km-Staffel, Herren	Std.
1. GER (Groß, Steinigen, Kirchner, Fischer)	**1:24:43,5**
2. GUS (Medwedzew, Popow, Kirienko, Tschepikow)	**1:25:06,3**
3. SWE (Johansson, Andersson, Wiksten, Lofgren)	**1:25:38,2**
4. ITA	**1:26:18,1**
5. NOR	**1:26:32,4**
6. FRA	**1:27:13,3**
7. TCH	**1:27:15,7**
8. FIN	**1:27:39,5**

Biathlon

20 km, Herren		Min.
1. Redkin	GUS	**57:34,4**
2. Kirchner	GER	**57:40,8**
3. Lofgren	SWE	**57:59,4**
4. Popow	GUS	**58:02,9**
5. Eloranta	FIN	**58:15,7**
6. Hietalahti	FIN	**58:24,6**
7. Passler	ITA	**58:25,9**
8. Loberg	NOR	**58:32,4**
18. Hoos	GER	**1:00:17,7**
29. Steinigen	GER	**1:01:01,8**
53. Roetsch	GER	**1:03:43,8**

Fünfmal Weltmeister, Gold über 10 km, Gold mit der Staffel, Silber über 20 km: Mark Kirchner krönte sich selbst bei den XVI. Olympischen Winterspielen zum erfolgreichsten Biathleten aller Zeiten. Mit Understatement und trockenem Humor quittierte der Thüringer aus Scheibe-Alsbach die Bemühungen der Medien, ihn zum Helden auszurufen: »Ich und ein Held? Dazu bin ich gar nicht der Typ. Und überhaupt ist es ja schon so weit, daß die Leute sagen: ›Nur Silber.‹«

mit null Fehlschüssen davongekommen bin«. Das könne er sich eben »manchmal selber nicht erklären«. Daheim in Scheibe-Alsbach im Thüringer Wald machte der Großvater Mark Kirchner einst »mit der Jägersprache ein bißchen vertraut«, von daher stammt sein Spitzname »der Schmale« (Schmaltier wird der junge Hirsch genannt), nicht etwa von dem schmalen Gesicht mit dem ausgeprägten länglichen Kinn. Die wahren Hintergründe des Erfolgs auf der Pirsch nach sportlichen Zielen? Von der Schule an sei man in der ehemaligen DDR »ziemlich stark gefördert worden«, erzählte Kirchner den Neugierigen, »ziemlich gut aufgebaut« in Leistungszentren wie Oberhof, mit ausgefeilter Methodik.

»Der Schmale« räumt ab

Der gleichaltrige Sachse Ricco Groß (jetzt Ruhpolding, früher Zinnwald) pflichtete ihm bei: »Was sie uns mit auf den Weg gegeben haben, das war schon gigantisch gewesen.« Er meinte die Heimtrainer, aber auch Kurt Hinze, dem er dankbar um den Hals fiel. Groß nützte die Gunst der niedrigen Startnummer 19, morgens auf noch nicht so weichem Geläuf, feuerte erst bei der zweiten Fünferserie stehend den allerletzten Schuß knapp unter das Zielschwarz und sah gleichwohl bereits wie der große Sieger aus, als Mark Kirchner fehlerfrei und kraftvoll noch an ihm vorbei und zum Sieg stürmte, nach einer knappen Stunde bangen Wartens. »Geärgert hätte ich mich nur, wenn ein anderer als Mark gewonnen hätte«, sagte der 15,7 Sekunden zurückliegende Ricco Groß, nachdem sich die beiden in stürmischer Umarmung beglückwünscht hatten.
Auch Frank-Peter Roetsch, der Doppelolympiasieger von 1988 aus Altenberg im Erzgebirge, zollte seinen Nachfolgern Respekt; trotz zwei Fehlschüssen landete er auf dem neunten Platz. Sein ehemaliger Vereinskamerad Jens Steinigen (jetzt Ruhpolding) räumte alle zehn Scheiben ab. In der letzten Startgruppe ausgelost, im feuchten Neuschnee, mußte er sich aber mit Rang sechs bescheiden: 32,5 Sekunden hinter Kirchner, nur 8,2 Sekunden hinter dem weit vorn gestarteten Finnen Harri Eloranta, der Bronze erhaschte.
Der Sprint, eine Nervenprobe für Athleten und Schaulustige – doch das Staffelrennen sollte die Spannung auf den Siedepunkt treiben, als hätte ein Krimiautor Regie geführt. Viermal 7,5 Kilometer, so die nüchternen Zahlen, jeweils maximal 16 Patronen für die vier Läufer und zehn Scheiben zu 4,5 Zentimeter (liegend) oder 11,5 cm (stehend) im Durchmesser. Startläufer Ricco Groß stürzte auf der ersten Runde in der Abfahrt über zwei Kontrahenten, verausgabte sich auf der Verfolgung und traf mit fliegendem Puls erst nach fünfmaligem Nachladen. Eine Minute betrug der Rückstand der Deutschen. Jens Steinigen (25), der nur einmal zur Reservepatrone greifen mußte, lief vom 13. Platz auf den fünften nach vorne, nach dem Motto »Alles oder nichts«.

Kirchners tolle Aufholjagd

45 Sekunden Rückstand auf die führenden Norweger – selbst für einen Überflieger wie Mark Kirchner eine schier unlösbare Aufgabe. Er löste sie so selbstverständlich wie so manche vorher, glitt mit spielerischer Leichtigkeit an die Spitze, mußte nur einmal nachladen und schickte mit 15 Sekunden Vorsprung den Senior ins Rennen, Fritz Fischer (35) aus Ruhpolding, den einzigen Bayern im Team des Deutschen Ski-Verbandes. »Ich hab' gewußt, daß noch nichts verloren war«, sagte Kirchner später, er sei »ganz ruhig ins Rennen gegan-

Er eröffnete die Erfolgsserie der deutschen Biathleten in Les Saisies: Der für den SC Ruhpolding startende Schwarzenberger Ricco Groß (links). In der 10-km-Konkurrenz machte er seinen einzigen Fehlschuß mit einem furiosen Lauf in der Loipe gut und legte Bestzeit vor – die nur von seinem Teamgefährten Mark Kirchner unterboten wurde. Das derart entgangene Gold wurde ihm dann nach einem tollen Teamwork mit der Staffel »zurückerstattet« (Bild unten: Jens Steinigen fällt entkräftet über die Ziellinie, nachdem er mit der besten Laufzeit auf der zweiten Schleife die Voraussetzung für den Sieg geschaffen hatte).

gen«. 20:17,5 Minuten für 7,5 km, Tagesbestzeit, kein Grund für Kirchner zum Überschwang: Er sei eben ein Athlet, »der keine solchen Sprüche macht«, einer, der Taten sprechen läßt.

Das erste Staffelgold für die deutschen Biathleten

Die Verfolgerrolle liege ihm, erklärte Kirchner lapidar, dafür spürte nun Fritz Fischer, der »alte Fritz«, die Last der Verantwortung »unwahrscheinlich stark«, obwohl er den Druck des Schlußläufers schon so oft erfahren hatte. Hinaus mit den Schüssen, habe er sich gesagt, »es geht oder es geht nicht«. Nur einmal verfehlte er stehend das Ziel, traf es eben mit dem nächsten Schuß, die früheren Weltmeister Sergej Tschepikow (GUS) und Erik Kvalfoss (Norwegen) nebenan deutlich übertreffend. Vergessen der Schnupfen, der Treffliche sicherte den Deutschen gegen die seit 1968 sechsmal in Serie siegreichen Russen den ersten olympischen Staffelsieg der Biathlon-Geschichte.

Es fehlten nur Millimeter oder 6,4 Sekunden – und Mark Kirchner hätte mit der dritten Goldmedaille den WM-Triumph von 1991 wiederholt. Auf der 20-km-Distanz verfehlte er mit dem allerletzten, dem 20. Schuß zum dritten Mal das Ziel und konnte den jungen Sibirier Jewgenij Redkin (GUS) nicht mehr einholen, obwohl er auf den letzten vier Kilometern noch 37 Sekunden aufholte gegenüber dem ehemaligen Junioren-Weltmeister. »Mit der zweitbesten Schießleistung in dieser Saison« Silber gewonnen zu haben fand Kirchner gleichwohl einen »tollen Abschluß«; Jewgenij Redkin blieb als einziger fehlerlos und ohne Strafminuten.
Bronze holte der Schwede Mikael Lofgren. Kirchner zeigte sich zwar »etwas ärgerlich, daß es jeweils die fünfte Scheibe beim Stehendschießen war«, die er verfehlte, doch insgesamt »sehr glücklich« über die reiche Jagdbeute, zweimal Gold und einmal Silber, wo er doch zuvor mit einer einzigen kleinen Medaille schon zufrieden gewesen wäre.

DAMEN

Bei der olympischen Premiere des Frauen-Biathlon standen die deutschen Mädchen den Männern mit ihren drei Medaillen kaum nach. Eine von ihnen stieg schließlich sogar zur »Miß Biathlon« auf mit einmal Gold und zweimal Silber: Antje Misersky (24), die blonde, kräftige Athletin von 1,73 Metern und 66 Kilo aus Oberhof in Thüringen, lief und schoß nicht allein um den persönlichen sportlichen Erfolg, sie kämpfte ein letztes Mal auch entschieden gegen das dahingegangene, rigorose DDR-System und für den Vater, Henner Misersky: »Er hat mich zur Weltklasse-Athletin gemacht.«
Der Vater hatte ihr einst als Trainer »die Freude am Sport vermittelt«, mit 17 Jahren rannte sie in der DDR-Langlaufstaffel auf den dritten Platz bei den Weltmeisterschaften 1985. Mit 18 beendete sie nach erheblichen Differenzen mit der DDR-Führung ihre Laufbahn; der Vater war aus dem Amt gedrängt worden.

»Ins Ziel und fallen«

Er war es auch, der ihr 1988 riet, »etwas Neues zu beginnen«, als sich abzeichnete, daß der DDR-Skiverband dem Frauen-Biathlon den Weg bereiten würde. Heute sagt sie: »Ohne die Vereinigung wäre ich nicht in ein so starkes Team gekommen und auch nicht Olympiasiegerin.« Eine, die neben dem Schlittschuhschritt auf der Schneepiste nach nur zwei Jahren im deutschen Nationalteam das Schießen so gut beherrschte, als wäre sie aufgewachsen mit der Skijagd.

»Ich hab' nur noch gedacht: ins Ziel und fallen.« Antje Miserskys erster olympischer Einsatz in Les Saisies endete mit einer weichen Landung im frischen Neuschnee – »wirklich fix und fertig« war sie, doch mit Silber belohnt für letzten Einsatz in einem nerven- und kräfteraubenden Sprintrennen über 7,5 km. Zwei ehemalige Langlaufspezialistinnen standen bei der Siegerehrung oben auf dem Treppchen: die Siegerin Anfissa Reszowa (GUS), die vier Jahre vorher mit der UdSSR-Staffel Gold gewonnen hatte, und als Zweite Antje Misersky. Und in Antjes Freude mischten sich ein paar Tränen der Nachdenklichkeit und des Schmerzes über das Schicksal ihres Vaters zu Hause, der ja immer noch nicht rehabilitiert worden sei.

Antje contra Anfissa

Und dann galt es ja auch noch, dieses erregende Rennen zu verarbeiten, das im Schneetreiben mit fünf Treffern am Schießstand im Liegendanschlag so verheißungsvoll begonnen hatte, bis die wirklich »brutalen Strecken« und ein etwas zu hohes Tempo ihren Tribut forderten von der Studentin des Lehramtes mit den Fächern Sport und Geographie. Stehend setzte sie den ersten Schuß vorbei und dazu den letzten, und da habe sie gewußt, »daß es sehr eng werden würde«. Anfissa Reszowa (28) aus Jekaterinburg, fünf Minuten nach Antje Misersky gestartet, verfehlte die Scheiben sogar dreimal und mußte eine Strafrunde mehr drehen als sie, enteilte ihr jedoch um 15 Sekunden.
Deren Landsmännin Jelena Bjelowa konnte die Deutsche aber mit den letzten Kräften auf den dritten Platz abdrängen.

2020
31
Löffler
2222

Biathlon

7,5 km, Damen		Min.
1. Reszowa	GUS	**24:29,7**
2. Misersky	GER	**24:45,1**
3. Bjelowa	GUS	**24:50,8**
4. Alexiewa	BUL	**24:55,8**
5. Adamickova	TCH	**24:58,1**
6. Schaaf	GER	**25:10,4**
7. Briand	FRA	**25:29,8**
8. Blagoewa	BUL	**25:34,0**
10. Kesper	GER	**25:57,3**
11. Disl	GER	**25:58,9**

Biathlon

3×7,5-km-Staffel, Damen	Std.
1. FRA (Niogret, Claudel, Briand)	**1:15:55,6**
2. GER (Disl, Misersky, Schaaf)	**1:16:18,4**
3. GUS (Bjelowa, Reszowa, Melnikowa)	**1:16:54,6**
4. BUL	**1:18:54,8**
5. FIN	**1:20:17,8**
6. SWE	**1:20:56,6**
7. NOR	**1:21:20,0**
8. TCH	**1:23:12,7**

Biathlon

15-km, Damen		Min.
1. Misersky	GER	**51:47,2**
2. Petscherskaja	GUS	**51:58,5**
3. Bedard	CAN	**52:15,0**
4. Claudel	FRA	**52:21,2**
5. Alexiewa	BUL	**52:30,2**
6. Burlet	FRA	**53:00,8**
7. Niogret	FRA	**53:06,6**
8. Santer	ITA	**53:10,3**
13. Schaaf	GER	**53:56,3**
15. Kesper	GER	**54:42,3**
24. Disl	GER	**56:40,2**

Mit den Rängen sechs und zehn für die beiden Willingerinnen Petra Schaaf (23) und Inga Kesper (23) sowie elf für Uschi Disl (21) aus dem oberbayerischen Dietramszell unterstrichen die deutschen Biathletinnen ihre Ambitionen auf Staffel-Gold.

Gold im Visier

Wieder entbrannte der Kampf mit den Athletinnen aus der Gemeinschaft Unabhängiger Staaten, wieder erwies sich die Jagdgöttin als launische Diva. Uschi Disl feuerte die acht Patronen »ausgerechnet liegend« einmal zuviel an den fünf Scheiben vorbei, völlig ratlos, »wo die hingegangen sind«. Sie kämpfte sich auf den vierten Platz nach vorne, wo überraschend auch die Französinnen ihre Kreise zogen.

Neuerlich gerieten Misersky und Reszowa aneinander, diesmal dicht an dicht am Schießstand. Beim zweiten Schießen, stehend, Shootout in Les Saisies: Antje Misersky mußte einmal nachladen, um die fünf schwarzen Ziele wegzuputzen, die kleine Sibirierin dreimal, holte aber mit wieselflinkem Schritt verlorenes Terrain auf und übergab mit sieben Sekunden Vorsprung auf Deutsche und Französinnen.

Kimme, Korn und Schuß: »Miß Biathlon« Antje Misersky, die mit einer goldenen (über 15 km) und zwei silbernen Medaillen (über 7,5 km und mit der Staffel) im Damen-Biathlon den Vogel abschoß. Meisterlich beherrscht sie das A und O des Biathlon-Sports, schnell zu laufen und beim Schießen Ruhe zu bewahren; der Pulsschlag muß dabei von ca. 195 auf 160 zurückgeschraubt werden.

Antje Misersky durfte sich freuen, »daß ich gerade in der Staffel noch besser als beim Sprintrennen war«, wo sie doch ein Jahr vorher WM-Bronze versiebt und nun ein bißchen »Schiß« hatte. Und wieder standen sie, diesmal Schulter an Schulter, am Stand: die zuverlässige Petra Schaaf und die blonde Französin Anne Briand, beide der Russin Jelena Melnikowa entkommen. Treffer links, Treffer rechts, die Zuschauer hielten gebannt den Atem an – und jubelten ihrer Landsmännin zu, die mit Bedacht ihren kleinen Vorteil beim Stehendschießen nützte. Frankreich (0 Strafrunden) siegte vor Deutschland (1) und dem GUS-Trio (2), doch keine war der unglücklichen Uschi Disl gram, auch Bundestrainer Uwe Müssiggang nicht.

Eine Steigerung konnte Antje Misersky nicht mehr erwarten. Eher schon Petra Schaaf, die dreimalige Weltmeisterin, als bei strahlendem Sonnenschein der 15-km-Einzellauf gestartet wurde. »Ich habe keinen Druck verspürt, weil ich alles erreicht hatte, was ich mir vorgenommen habe«, erklärte Antje Misersky überglücklich, als man ihr die Goldmedaille umhängte, immer noch ein wenig ungläubig. »Weil man ungeheuer schnell sehr weit hinten landen kann«, ließ sie sich viel Zeit auf der Strecke und am Stand.

»Miß Biathlon«: Antje Misersky

Wieder nur ein einziges Mal hatte sie das Ziel verfehlt, stehend beim 19. und vorletzten Schuß, und das sei »schon unheimlich gut, wenn man bedenkt, daß ich erst vor zwei Jahren mit dem Schießen angefangen habe«. Andererseits war es nicht so verwunderlich, hatte sie doch intensiv mit dem Lasergewehr geübt, zusammen mit Trainer Müssiggang nochmals am Morgen vor dem Wettkampf. Den konnte Antje Misersky dann großenteils von außen verfolgen: Doch keine unterbot die von ihr vorgelegte Bestzeit, auch die lange dichtauf liegende Swetlana Petscherskaja (GUS) nicht, die Gold um 11,3 Sekunden verfehlte.

Antje Misersky dachte in der Stunde des Triumphs an die Trainingsgefährtinnen, aber ihr Zuspruch konnte vor allem Petra Schaaf nicht trösten, die 13. wurde. »Ich weiß einfach nicht, woran's gelegen hat«, sagte verzweifelt die sonst so sichere Schützin nach drei Fehlschüssen. So nahe liegen im Biathlon Sieg und Niederlage beieinander.

Oben: Beim Stehendschießen noch gleichauf: Antje Misersky (links) und die Französin Veronique Claudel. Im Staffel-Wettbewerb zogen die Französinnen dann an den deutschen Biathletinnen vorbei, die aber den zweiten Platz gegen die starken Biathletinnen aus der GUS (Bild rechte Seite: Uschi Disl vor Jelena Bjelowa) verteidigen konnten (rechts die deutsche Schlußläuferin Petra Schaaf). Den berechtigten Stolz auf diese Riesenleistung faßte Antje Misersky in die folgenden Worte: »Frauenbiathlon ist gewöhnungsbedürftig, klar, wie jede Sportart, die zunächst Männer gemacht haben, aber ich glaube, in vier, fünf Jahren spricht kein Mensch mehr darüber.«

8

SWIX
ALBERTVILLE 92
73

Langlauf

Die großen Vier: Daehlie, Ulvang, Jegorowa und de Zolt

Dreimal flog Björn Daehlie in die Luft, hochgeworfen von Terje Langli, Vegard Ulvang und Kristen Skjeldal. Die Norweger huldigten ihrem Schlußläufer über 4×10 km, der ihnen Goldmedaillen hatte gewinnen helfen, dann legte das Quartett einen letzten Spurt ein, hin zur Ehrentribüne, wo es von König Harald beglückwünscht wurde.

HERREN

Jedes andere Ergebnis wäre unerwartet gekommen, hatten doch die Norweger zuvor schon sechs von neun olympischen Medaillen im Skilanglauf eingesammelt, über 30 km gar alle drei: Ulvang, Daehlie, Langli. Kein Wunder, beteuerte Jochen Behle vom SC Hirschau, der den 15. Platz belegte: »Die haben zwei Leitfiguren, die den ganzen Winter dominieren«, Ulvang und Daehlie, vornweg auch im Weltcup. »Angefangen vom Material sind die optimal betreut, die haben fünfmal soviele Helfer wie wir.« Neidisch müsse einer werden, »in so einer Mannschaft wäre ich auch gerne«.

Drei Gold- und eine Silbermedaille heimste der Norweger Björn Daehlie (24) bei den Langlauf-Wettbewerben ein, ebensoviel wie sein Freund Vegard Ulvang (28). Zwei Siegertypen, zwei Trainingsmethoden: Während sich Ulvang für Olympia mit einer Grönland-Durchquerung stählte, nahm Daehlie Urlaub auf Hawaii: »Da habe ich nur ein bißchen gejoggt.«

Anfangs war die Rede gewesen von einem norwegischen Wunderwachs, Fluor-Karbonate auf Paraffinbasis, richtig geheimnisvoll hört sich das an. Was tut die verunsicherte Konkurrenz in so einem Fall? Sie mixt und testet wie verrückt. Und was machte Vegard Ulvang? Läßt die Wundermischung in der Dose, greift zum Schmirgelpapier, rauht die Wachszone der Skier unter der Bindung auf und gewinnt die 10 km im klassischen Stil überlegen vor dem Italiener Marco Albarello und dem Schweden Christer Majbaeck; beide hatten gewachst. Ein schwerer Schlag für die Skiwachshersteller, nicht minder, daß Behle auf einem Paar Skier mit Steighilfe unterwegs war. Bergauf ging das prima, abwärts war die Bremswirkung ungeheuer, denn die Skier gehörten Jelena Wjalbe aus der Gemeinschaft Unabhängiger Staaten. Behle sah den Mißgriff ein: »Die Skier sind nur 1,95 m lang, ich müßte 2,10 m haben, und sie passen zu Jelenas Gewicht. Bei mir waren sie stumpf, weil sie aufliegen.«

Weil nur auf Platz 24 angekommen, trat Behle anderntags zum zweiten Teil der Kombination, die aus 10 km klassisch und 15 km Skating besteht, nicht mehr an. Obwohl langsamer als etwa Johann Mühlegg aus Marktoberdorf, der sich mit der viertbesten Zeit auf den 16. Rang vorkämpfte, reichte Ulvangs Vorsprung, um hinter Daehlie die Silbermedaille zu gewinnen, was allseits als schreiende Ungerechtigkeit angeprangert wurde. »Scheiß Jagdstart, der gehört abgeschafft«, schrie Mühlegg, ein Spezialist im freien Stil. »Du bist die ganze Zeit am Überholen und die anderen laufen in deinem Windschatten, wie beim Radsport.« Der deutsche Trainer Jürgen Seifert urteilt, der Wettbewerb, bei dem die Läufer mit den Zeitabständen aus dem Rennen über 10 km zum Skaten über 15 km starten, sei »spannend aber ungerecht«. Zwar profitieren die Zuschauer, weil sich ständig Positionskämpfe abspielen und gewonnen hat, wer zuerst das Ziel erreicht, was es im Skilanglauf sonst nur noch bei der Staffel gibt, aber es wird mit zweierlei Maß gemessen. Die sogenannten Klassiker bekommen Medaillen, die Skater nur innerhalb der Gesamtwertung, eine Regelung, welche die der reinen Lehre des Skilanglaufs verpflichteten Norweger gemeinsam mit den Russen beim Internationalen Skiverband (FIS) durchgedrückt haben und die mindestens bis 1994 gilt.

Ulvang auf Nansens Spuren

Am Ende hatten die Norweger acht von 13 für sie mögliche Medaillen eingeheimst, Björn Daehlie und Vegard Ulvang als erfolgreichste männliche Teilnehmer der Winterspiele je drei goldene und eine silberne. Nach seinem Sieg im Skimarathon über 50 km zum Abschluß der Wettkämpfe in Les Saisies ist Daehlie wieder einmal aufgefordert worden, das Geheimnis der norwegischen Erfolgsserie zu lüften. Nichts leichter als das: »Seit 1988 wissen wir, daß 1994 Olympische Spiele in Lillehammer stattfinden, deshalb gibt es mehr Geld für Trainingslager, mehr Betreuer, sogar zwei Wachsexperten. Im Herbst waren wir 70 Tage lang auf Gletschern zum Höhentraining.«
Die ganze Wahrheit hat Björn Daehlie (24) nicht preisgegeben, doch jeder kennt sie. Er und Vegard Ulvang (28) gelten als die überragenden Läufer; Ulvang, den Daehlie als Teamchef anerkennt, »er ist der Älteste und sehr erfahren, der kann uns viel beibringen und den Druck nehmen«, zeichnen Abenteuerlust und Belastungsfähigkeit bis in extreme Bereiche aus. Er hat den Mount McKinley in Alaska erstiegen und im letzten Sommer auf den Spuren von Fritjof Nansen Grönland durchquert.
Die rund 20 000 Zuschauer, darunter reichlich die Hälfte Italiener, jubelten beim Marathon aber vor allem Maurilio de Zolt zu, der vor seinem Landsmann Giorgio Vanzetta die Silbermedaille gewann. »L'âme de diable«, die Seele des Teufels, wie ihn die französische Sportzeitung »L'Equipe« nannte – hat man je zuvor einen 41jährigen so rennen sehen wie den Italiener gegen Jünglinge, von denen nicht wenige seine Söhne sein könnten? Als sei es nichts gewesen, erschien de Zolt zur Pressekonferenz, ein Bierglas in der Hand, und erklärte wie wohl schon tausendmal: »Ich spüre mein Alter überhaupt nicht.« Als Skilangläufer sei er fast noch Nachwuchs, »ich habe erst vor sieben Jahren begonnen«. Und was die durchweg jüngere Konkurrenz angeht: »Keine Überraschung, denn ich laufe auch schneller als damals, als ich jung war.«

Der Methusalem unter den Skiläufern mit pechschwarzem Haar und Bart, früher in Diensten der Feuerwehr seiner Heimatgemeinde San Pietro di Cadore gestanden, für deren Sportverein er immer noch

Ski nordisch

10-km-Langlauf (klass.), Herren		Min.
1. Ulvang	NOR	27:36,0
2. Albarello	ITA	27:55,2
3. Majbaeck	SWE	27:56,4
4. Daehlie	NOR	28:01,6
5. Jonsson	SWE	28:03,1
6. Kirvesniemi	FIN	28:23,3
7. Vanzetta	ITA	28:26,9
8. Stadlober	AUT	28:27,5
24. Behle	GER	29:58,2
29. Rein	GER	30:25,1
31. Mühlegg	GER	30:29,4
32. Neuber	GER	30:29,8

Ski nordisch

15-km-Langlauf (Freistil), Herren		Min.
1. Daehlie	NOR	38:01,9
2. Ulvang	NOR	38:55,3
3. Vanzetta	ITA	38:56,2
4. Albarello	ITA	38:57,3
5. Mogren	SWE	39:01,4
6. Majbaeck	SWE	39:41,0
7. Fauner	ITA	39:58,9
8. Smirnow	GUS	39:59,8
16. Mühlegg	GER	41:11,8
22. Rein	GER	41:48,1
24. Neuber	GER	42:10,4

Ski nordisch

30-km-Langlauf (klass.), Herren		Std.
1. Ulvang	NOR	1:22:27,8
2. Daehlie	NOR	1:23:14,0
3. Langli	NOR	1:23:42,5
4. Albarello	ITA	1:23:55,7
5. Jevne	NOR	1:24:07,7
6. Majbaeck	SWE	1:24:12,1
7. Jonsson	SWE	1:25:17,6
8. Ponsiluoma	SWE	1:25:24,4
15. Behle	GER	1:25:59,8
28. Bauroth	GER	1:28:58,1
30. Rein	GER	1:29:08,5
47. Neuber	GER	1:31:57,8

startet, scheint das Elixier gefunden zu haben, das ewige Jugend verleiht. Die Ernährung kann es nicht sein, Maurilio de Zolt hat Heiterkeit erweckt bei der Aufzählung dessen, was er täglich zu sich nimmt: »Zum Frühstück Butter, Brot, Honig und manchmal ein weichgekochtes Ei, mittags häufig Teigwaren, abends gerne Reis, dazu zwei, drei Glas Rotwein, typisch südländisch, nichts besonderes.« Wenn es aber um die

Ski nordisch

4×10-km-Staffel, Herren	Std.
1. NOR (Langli, Ulvang, Skjeldal, Daehlie)	1:39:26,0
2. ITA (Pulie, Albarello, Vanzetta, Fauner)	1:40:52,7
3. FIN (Kuusisto, Kirvesniemi, Rasanen, Isometsa)	1:41:22,9
4. SWE (Ottosson, Majbaeck, Forsberg, Mogren)	1:41:23,1
5. GUS (Kirillow, Smirnow, Botwinow, Prokurorow)	1:43:03,6
6. GER (Bauroth, Behle, Rein, Mühlegg)	1:43:41,7
7. TCH	1:44:20,0
8. FRA	1:44:51,1

Vegard Ulvang, mit Abstand der beste »Klassiker« unter den Langläufern, gewann in Les Saisies Gold in der 10- und in der 30-km-Konkurrenz sowie mit der Staffel (4×10 km).

Als »Zugabe« genehmigte sich der 28jährige Norweger noch Silber im Skating (Freistil) über 15 km. »Auf Wiedersiegen« in Lillehammer '94...

Ski nordisch

50-km-Langlauf (klass.), Herren		Std.
1. Daehlie	NOR	2:03:41,5
2. de Zolt	ITA	2:04:39,1
3. Vanzetta	ITA	2:06:42,1
4. Prokurorow	GUS	2:07:06,1
5. Balland	FRA	2:07:17,7
6. Nyč	TCH	2:07:41,5
7. Mühlegg	GER	2:07:45,2
8. Benc	TCH	2:08:13,6
26. Bauroth	GER	2:13:49,8
29. Neuber	GER	2:14:37,1

Wurst geht, schiebt der kleine Mann drei Tage lang Kohldampf, ißt weder Brot noch Nudeln oder Kartoffeln, nimmt überhaupt keine Kohlenhydrate auf, trainiert mit leerem Magen volle Pulle, futtert anschließend drei Tage lang Spaghetti – »schwedische Diät« nennt sich diese Tortur, nicht zu empfehlen für den Normalverbraucher.

Den urwüchsigen Maurilio de Zolt unterwegs zu bewundern, hat auch ein deutscher Läufer Gelegenheit gefunden im Rennen über 50 km. Johann Mühlegg (21), halb so alt wie der Veteran, hatte sich an den eine Minute nach ihm gestarteten Italiener gehängt, als der ihn überholte. Stand bei Kilometer 33,3: Daehlie, de Zolt, Mühlegg, eine gewaltige Überraschung, kein Läufer des Deutschen Skiverbands hat je was gewonnen bei Olympia.

Im nächsten Stadium des Rennens brauchte er dann keine Gedanken mehr daran verschwenden. Im Bemühen, de Zolt zu folgen, »der am Berg reißt wie ein Verrückter«, wurde Mühlegg ein Sekundenbruchteil der Unaufmerksamkeit zum Verhängnis. »Ich habe links eingefädelt«, schilderte er den entscheidenden Augenblick, als er mit dem Ski am Stock hängenblieb, stürzte, sich wieder aufrappelte, doch de Zolt und

Ski nordisch

5-km-Langlauf (klass.), Damen		Min.
1. Lukkarinen	FIN	14:13,8
2. Jegorowa	GUS	14:14,7
3. Wjalbe	GUS	14:22,7
4. Belmondo	ITA	14:26,2
5. Nybraten	NOR	14:33,3
6. Danilowa	GUS	14:37,2
7. Lasutina	GUS	14:41,7
8. Pederson	NOR	14:42,1
16. Heß	GER	15:03,7
17. Wezel	GER	15:04,1
27. Opitz	GER	15:24,9
42. Oschmann	GER	16:01,7

Ski nordisch

10-km-Langlauf (Freistil), Damen		Min.
1. Jegorowa	GUS	25:53,7
2. Belmondo	ITA	26:17,8
3. Wjalbe	GUS	26:37,7
4. Lukkarinen	FIN	26:52,1
5. Nilsen	NOR	27:13,9
6. Westin	SWE	27:14,2
7. Nybraten	NOR	27:21,1
8. Lasutina	GUS	27:34,8
12. Opitz	GER	28:17,3
14. Heß	GER	28:29,2
25. Wezel	GER	29:08,6
38. Oschmann	GER	30:12,5

der Norweger Ulvang waren schon auf und davon.

Allein unterwegs, blieb Mühlegg nur noch die Zwiesprache mit seinem »inneren Schweinehund, da denkst du dann schon, du blöder Hund, warum machst du das überhaupt«. Was einen dennoch vorwärtstreibt: »Du kämpfst dich bergauf, hoffst auf die nächste Abfahrt, und so kommst du langsam ans Ziel.«

Mühlegg verabschiedete sich als Siebter mit dem besten Resultat eines DSV-Läufers seit Walter Demel 1972 in Sapporo; der war damals schon 36 Jahre alt.

DAMEN

Das Feuerwerk, das bei den Siegerehrungen den Nachthimmel über Les Saisies erleuchtete, erlebte Ljubow Jegerowa fünfmal mit einer Medaille um den Hals; dreimal glänzte sie gülden, zweimal silbrig. Die 25jährige Skilangläuferin aus St. Petersburg ist damit die erfolgreichste Teilnehmerin der Winterspiele gewesen, aber zum Star hat es nicht gereicht, so weit weg vom Trubel und so hoch droben (1650 m).

Deshalb hat kaum jemand Notiz genommen von ihrem engagierten politischen Bekenntnis.

»Traurig, daß wir hier nicht mit Fahne und Hymne geehrt werden«, der russischen selbstverständlich – sie sei ein »überzeugter Jelzin-Fan«. Das müsse sich bald ändern, denn: »Gemeinsame Mannschaft, was ist das? Wir sind Russinnen und wollen als solche akzeptiert werden.«

Dem Aufbegehren der jungen Generation stand Raissa Smetanina verständnislos gegenüber. Sie stammt aus der Autonomen Republik Komi, es heißt, sie habe im Iglu das Licht der Welt erblickt. Als Kind ist sie mit den Eltern hinter den Rentierherden umhergezogen.

Raissa Smetanina lief in der siegreichen 4x5-km-Staffel der Gemeinschaft Unabhängiger Staaten (GUS) und stellte zwei Rekorde auf.

Die im Schaltjahr 1952 am 29. Februar geborene Läuferin wird künftig in den Annalen als älteste Olympiasiegerin aller Zeiten bei Winterspielen verzeichnet stehen, und es hat nie ein Mensch bei olympischen Spielen teilgenommen, der mehr Medaillen eingesammelt hat als sie (4x Gold, 5x Silber, 1x Bronze); dessen hat sich zuvor der schwedische Skilangläufer Sixten Jernberg (4x Gold, 3x Silber, 2x Bronze) rühmen dürfen. Mehr geht nicht mehr. Raissa Smetanina, die mit dem Trainer Viktor Iwanow zusammenlebt, kündigte in Les Saisies nicht nur ihren Rücktritt an, sondern auch: »Ich will endlich Kinder haben.«

Fünf Medaillen hat auch Jelena Wjalbe gesammelt, davon einmal Gold mit der Staffel der GUS. Erfolgreicher als sie sind die Finnin Marjut Lukkarinen (Gold, Silber) und Stefania Belmondo gewesen, die von jeder Sorte eine gewann. Als die Italienerin über 30 km im freien Stil dem Olympiasieg entgegeneilte, herrschte am Ziel eine Stimmung wie beim Tennis auf dem Centre Court, ohne daß ein pingeliger Schiedsrichter zur Ruhe mahnte. »Stefi, Stefi«, brüllten ihre Landsleute; das kleine Energiebündel (1,57 m, 44 kg), von

Ski nordisch

15-km-Langlauf (klass.), Damen		Min.
1. Jegorowa	GUS	42:20,8
2. Lukkarinen	FIN	43:29,9
3. Wjalbe	GUS	43:42,3
4. Smetanina	GUS	44:01,5
5. Belmondo	ITA	44:02,4
6. Kirvesniemi	FIN	44:02,7
7. Nybraten	NOR	44:18,6
8. Dybendahl	NOR	44:31,5
15. Oschmann	GER	45:28,8
19. Wezel	GER	45:50,6

der »Gazzetta dello Sport« »Cricciolo«, Zeisig, getauft, dem kein Laufanzug ohne Abnäher paßt, war von Anfang an als Schnellste unterwegs gewesen und hatte Jegorowa und Wjalbe keine Chance gelassen.

Im Staffelrennen hatten sich die deutschen Langläuferinnen einen Rang in Medaillennähe erhofft, doch am Ende blieb nur der achte Platz. Tränen rannen ihr über das erhitzte Gesicht, Ina Kümmel schluchzte und klagte: »Die anderen haben mir das Vertrauen gegeben, aber es hat halt nicht geklappt.« Sie war nur zwei Sekunden hinter Alzbeta Havrancikova (ČSFR) an vierter Stelle in die Schlußrunde gestartet, doch nachher stellte der deutsche Trainer Jürgen Wolf fest, die Leistungen seiner Mädchen seien »so wechselhaft wie das Wetter« gewesen, das nach Schnee strömenden Regen bescherte: »Zwei absolute Spitzenergebnisse und zwei totale Ausfälle.« Simone Opitz (Zella-Mehlis) war auf der dritten Teilstrecke Bestzeit gelaufen, doch zuvor Heike Wezel (Klingenthal) als Zehnte aus der Startrunde zurückgekehrt, »indiskutabel«, urteilte Wolf.

Ski nordisch

4×5-km-Staffel, Damen	Std.
1. GUS (Wjalbe, Smetanina, Lasutina, Jegorowa)	0:59:34,8
2. NOR (Pederson, Nybraten, Dybendahl, Nilsen)	0:59:56,4
3. ITA (Vanzetta, di Centa, Paruzzi, Belmondo)	1:00:25,9
4. FIN (Kirvesniemi, Maatta, Savolainen, Lukkarinen)	1:00:52,9
5. FRA (Stanisiere, Rousset, Villeneuve, Mancini)	1:01:30,7
6. TCH (Balazova, Neumanova, Havrancikova, Zelingerova)	1:01:37,4
7. SWE	1:01:54,5
8. GER (Wezel, Heß, Opitz, Kümmel)	1:02:22,6

Die erfolgreichste Teilnehmerin der XVI. Olympischen Winterspiele (3× Gold, 2× Silber) zeigte Flagge: »Ich bin Russin und will meine Fahne sehen und meine Hymne hören!« Dreimal wurden ihr zu Ehren die olympischen Ringe auf weißem Grund gehißt, doch Ljubow Jegorowa konnte sich mit den neutralen Symbolen, mit denen sich die GUS in Albertville präsentierte, nicht anfreunden. Präsident Jelzin (Jegorowa: »Ich bin Boris-Fan«) wird es vernommen haben.

Ski nordisch

30-km-Langlauf (Freistil), Damen		Std.
1. Belmondo	ITA	1:22:30,1
2. Jegorowa	GUS	1:22:52,0
3. Wjalbe	GUS	1:24:13,9
4. Nilsen	NOR	1:26:25,1
5. Lasutina	GUS	1:26:31,8
6. Di Centa	ITA	1:27:04,4
7. Westin	SWE	1:27:16,2
8. Opitz	GER	1:27:17,4
15. Heß	GER	1:29:43,8
32. Wezel	GER	1:33:34,2
46. Kümmel	GER	1:36:48,2

»Ganz nach vorn wird's nie reichen«

»Ganz nach vorn wird's nie reichen«, weiß der Trainer, die beste Placierung seiner ausschließlich mit Läuferinnen aus der ehemaligen DDR besetzten Mannschaft gelang Simone Opitz über 30 km (8. Platz). Wolf hat aber nicht deshalb die Absicht geäußert, seinen Posten zur Verfügung zu stellen, sondern weil er sich das Hobby, Bundestrainer mit Vertrag über jeweils ein Jahr zu sein, nicht länger leisten mag. Er habe viel getan, um »die Mädchen materiell abzusichern, die ihr Leben neu planen mußten«, jetzt sei es an der Zeit, an seine Familie und sich selber zu denken. Eine einfache Rechnung: Als Trainer verdient Wolf 4100 DM brutto, als Sportlehrer an einem hessischen Gymnasium rund 6500 DM. Sein Assistent Cuno Schreyl, früher Trainer in der DDR, freut sich aufs Nachrücken.

Ihm bietet niemand eine Lehrerstelle als Alternative an.

Nordische Kombination

Gold für Guy und die Japaner

Begriffe verändern sich mit der Zeit, auch im Sport. Sind das noch alpine Wettbewerbe, die von Amerikanern, Kanadiern und Skandinaviern gewonnen werden? Und weshalb heißt der Skizweikampf aus Springen und Laufen immer noch Nordische Kombination, wo doch schon 1935 der Deutsche Gustl Berauer den WM-Titel gewonnen hat und danach Ulrich Wehling, Georg Thoma, Franz Keller, Konrad Winkler und Hermann Weinbuch insgesamt neunmal Olympiasieger und Weltmeister wurden? Weil der Skisport Traditionen hochhält und weiterleben läßt, auch wenn bei den Olympischen Winterspielen 1992 die nordischen Länder sogar gegen Franzosen und Japaner verloren haben. Der Doppelsieg von Fabrice Guy und Sylvain Guillaume im Einzelwettkampf verblüffte ebenso wie der überlegene Erfolg der Asiaten im Teamwettbewerb.

Aber es muß sogar für die französischen Wintersportler ein Schock gewesen sein, daß bei ihrem Olympia, dem der dreifache alpine Goldmedaillengewinner Jean-Claude Killy als Generalsekretär des Organisationskomitees vorstand, ein nordischer Skiathlet die erste goldene Plakette für Frankreich gewann. »Toutes Mouthe pour Fabrice«, verhießen die Transparente, die seine Mitbürger aus dem kältesten Ort des französischen Jura längs der Skatingpiste hochhielten, als Fabrice Guy auf dem Weg zum Sieg vorbeihetzte.

Triumph der Trikolore

Und ganz Mouthe fiel nachher über den Mann her, der bei der Eröffnungsfeier seiner Equipe als Fahnenträger hoffnungsvoll vorangeschritten war. Als erste überwand Ehefrau Nadine, die wehende Trikolore in der Hand, die Absperrung und eilte ihrem Fabrice entgegen, doch ein übereifriger Ordnungshüter riß sie zu Boden. Fabrice jubelte, Nadine saß im Schnee und vergoß bittere Tränen. Erst ein paar Minuten später schloß die blonde Friseuse ihrem erblondeten Sieger mit den über der Stirn blauweißrot eingefärbten Haaren in die Arme.

Der Olympiasieg war von langer Hand geplant von Trainer Jacques Gaillard, der Mitte der siebziger Jahre ein mittelmäßiger Kombinierer gewesen war – unter rigoroser Ausnützung des Heimvorteils. Fabrice Guy (23), Zweikämpfer im neunten Wettkampfjahr und erst in dieser Saison groß rausgekommen mit vier Siegen in fünf Weltcup-Wettkämpfen, war nach unzähligen Versuchen auf der Schanze »im Sommer so weit gesprungen wie die Spezialisten, das war das Schlüsselerlebnis«, versicherte der Aufsteiger dieses Winters. Sein dritter Platz im olympischen Wettkampf mit Weiten von 87,5 m und 82,5 m, aus denen sich ein Rückstand von 42,7 Sekunden auf den siegreichen Österreicher Klaus Ofner errechnete, aber 3,3 Sekunden Vorsprung vor dessen Landsmann Klaus Sulzenbacher, dem Silbermedaillengewinner von 1988 und Weltmeister im Team, eröffnete Guy die besten Chancen, die er entschlossen nutzte. Dabei kam dem leichtgewichtigen Franzosen zupaß, daß nachmittags um 14.30 Uhr gelaufen wurde, bei 14 Grad Wärme, die den Schnee in Matsch verwandelte.

Über den »wahnsinnig sulzigen Schnee« klagte Sulzenbacher schon vor dem Rennen, trotzdem versuchte

der Österreicher, im Windschatten seines Widersachers dessen Tempo mitzuhalten, spürte aber bald, wie seine Kräfte schwanden, und wußte: »Die Silbermedaille halt ich nicht.« Denn schon fegte Sylvain Guillaume, der andere Franzose, mit wehendem Haar in schier unglaublichem Tempo daher, passierte Klaus Sulzenbacher scheinbar mühelos und gewann zur allgemeinen Verblüffung Silber; Sulzenbacher mußte sich mit Bronze begnügen.

Des Tennos Team macht Tempo

Der Eintritt in die Medaillenränge blieb den deutschen Kombinierern wieder einmal verschlossen. Obwohl Bundestrainer Konrad Winkler vermutete, man habe sich in der Vorbereitung »zu sehr aufs Springen konzentriert und ganz offensichtlich in der Loipe zuwenig getan«, fielen seine Zweikämpfer über 15 km noch weiter zurück. Thomas Dufter (12.) tat, was er konnte, Hans-Peter Pohl (16.), der 1988 im Teamwettbewerb eine Goldmedaille gewonnen hatte, gestand, er sei »fix und fertig, ich bin nur gelaufen, um in die Mannschaft zu kommen«. Dieses Ziel hatte er erreicht, wen sollte Winkler sonst wohl aufstellen, zumal er sich den 19jährigen Jens Deimel aus dem B-Kader geliehen hatte? Den kritisierte der Trainer, »weil er als bester Springer keinen zweiten guten Sprung heruntergebracht hat; deshalb ist uns wichtige Zeit für den Langlauf verlorengegangen«.

Statt dessen hätte Winkler den Jüngsten eigentlich loben müssen für den Schanzenrekordsatz auf 93,5 m. Angesichts von 2:57 Minuten Rückstand auf die Japaner, eine halbe Minute hinter den Österreichern, Franzosen wie Norweger auf den Fersen, ließ auch der Optimist Helmut Weinbuch, Sportdirektor des Deutschen Ski-Verbands und Vorsitzender des Komitees für Nordische Kombination im Weltverband FIS, alle Hoffnungen fahren und orakelte, es werde wohl »sauschwer«, den Medaillenplatz zu halten. Am Ende blieb der fünfte Rang für die Mannschaft und für Pohl wenigstens der Sieg im Expertentip, denn er hatte die Japaner richtig eingeschätzt.

Das Trio Reiichi Mikata (25), Takanori Kono (22) und Kenji Ogiwara

Als Fabrice Guy (Mitte) die erste Goldmedaille der XVI. Olympischen Winterspiele für den Gastgeber gewonnen hatte – und zugleich die erste in einer nordischen Disziplin –, feierten die Franzosen tagelang den Mann, der bei der Eröffnungsfeier seiner Equipe als Fahnen- und Hoffnungsträger vorangeschritten war. Silber gewann sein Landsmann Sylvain Guillaume (links), Bronze der Tiroler Klaus Sulzenbacher, den sie daheim »Sulzi« nennen.

Ski nordisch

Kombination, Einzel		Min.
1. Guy	FRA	43:45,4
2. Guillaume	FRA	44:33,8
3. Sulzenbacher	AUT	44:51,7
4. Lundberg	NOR	45:12,1
5. Ofner	AUT	45:15,2
6. Lewandi	EST	45:19,5
7. Ogiwara	JPN	45:42,8
8. Ustupski	POL	46:13,5
12. Dufter	GER	47:10,2
16. Pohl	GER	47:59,0
35. Leonhardt	GER	51:45,9

(22) büßte zwar stetig von seinem Vorsprung ein, lief aber nie Gefahr, eingeholt zu werden, weil sich die Verfolger Trond Elden und Klaus Sulzenbacher auf der Schlußrunde belauerten, anstatt Tempo zu machen. Der Norweger erwies sich im Endspurt stärker als Sulzenbacher, dahinter gingen die Franzosen leer aus, weil sich der Olympiasieger bei seiner Aufholjagd übernommen hatte.
Nur fünf Jahre haben die Japaner gebraucht, um eine Mannschaft für die Nordische Kombination aufzubauen und zum Olympiasieg zu führen. Der Entschluß wurde gefaßt, nachdem Hermann Weinbuch 1987 in Oberstdorf in der neuen Stilart Skating den Weltmeistertitel gewonnen hatte. Im Gegensatz zum klassischen Diagonallauf gleiten die körperlich unterlegenen Japaner im Schlittschuhschritt nicht minder geschwind als die Konkurrenz über den Schnee. So verdankten die Japaner ihre erste und einzige Goldmedaille bei den Olympischen Winterspielen 1992 ihren Skizweikämpfern, die erste in einer nordischen Disziplin, seit den Skispringern Kasaya, Konno und Aochi 1972 in Sapporo ein dreifacher Erfolg gelungen war.
Im Sommer ziehen die japanischen Kombinierer durch Europa und üben gelegentlich auch auf der Mattenschanze in Berchtesgaden mit den deutschen Athleten, die leider nichts abgeschaut haben. »Wir sind eigentlich stehengeblieben«, gab Trainer Winkler zu, ohne sich davon überrascht zu zeigen: »Bei uns ist zuviel diskutiert worden, die Bereitschaft

Da legt's di nieder: Kenji Ogiwara, der Motor der japanischen Mannschaft, feiert olympisches Gold mit einem Bad im Schnee. Mit seinen Teamkameraden Mikata Reiichi und Takanori Kono war er der Kombinations-Konkurrenz auf der Schanze wie auf der Loipe weit vorausgeeilt.

Ski nordisch

Kombination, Mannschaft	Std.
1. JPN (Mikata, Kono, Ogiwara)	**1:23:36,5**
2. NOR (Apeland, Lundberg, Elden)	**1:25:02,9**
3. AUT (Ofner, Kreiner, Sulzenbacher)	**1:25:16,6**
4. FRA (Guy, Guillaume, Repellin)	**1:25:52,0**
5. GER (Dufter, Pohl, Deimel)	**1:28:21,9**
6. TCH (Kovarik, Maka, Kucera)	**1:32:41,2**
7. FIN	**1:32:43,3**
8. USA	**1:32:44,8**

war nicht da, sich im Training voll auszugeben, daß man auch mal am Boden ist.« Die Theorie, noch weniger zu tun, sei falsch: »Dann geht es noch weiter in den Keller.«
Das fürchten seine Kombinierer auch, wenn sie das machen, was Winkler will, immer bis an die Grenze, manchmal darüber weg. »Wir haben beim ersten Weltcup gesehen, es geht nicht vorwärts«, berichtete Pohl und forderte: »Wir müssen was anderes machen, wenn wir was erreichen wollen.« Keine Rebellion, sondern Notwendigkeit: »Das kann nicht der richtige Weg gewesen sein, sonst wäre was anderes dabei rausgekommen.« Weinbuch, der Winkler 1989 als ersten Trainer aus der DDR von Oberwiesenthal nach München geholt hat, ist sich längst nicht mehr so sicher wie damals, den richtigen Mann verpflichtet zu haben. »Der Conny«, räumte er ein, »hat's ein bißchen schwer, die drüben haben mehr auf Intensität gesetzt, aber Chemie haben wir keine«, eine deutliche Anspielung auf die Dopingpraxis im anderen Deutschland. Die Ablösung des ehemaligen Weltmeisters Konrad Winkler durch den ehemaligen Weltmeister Hermann Weinbuch, der den B-Kader betreut, deutete sich an. Der Papa wird's schon richten.

Skispringen

Austrias Kampf gegen Suomis Goldjungen

Ganz oben stand er auf dem Siegerpodest, aber das war nicht hoch genug für den überragenden Skispringer auf den olympischen Schanzen von Courchevel über dem Tarantaise-Tal. Der Österreicher Martin Höllwarth, Silbermedaillengewinner auf der Großschanze, und sein Teamgefährte Heinz Kuttin, der Bronze erwischt hatte, ein langes Elend von 1,91 m, hievten ihren Bezwinger Toni Nieminen auf die Schultern. Aus luftiger Höhe winkte das finnische Strahlemännchen mit einem rotweißen Blumengebinde in der Hand der jubelnden Menge zu und grüßte seine Landsleute unter einem Wald wehender Fahnen, weiß mit hellblauem Kreuz. Das Land der hunderttausend Seen, das die Finnen Suomi nennen, konnte stolz auf seinen Wunderknaben sein.

Es galt, einen ungewöhnlichen Olympiasieger zu feiern, den jüngsten aller Zeiten. Toni Nieminen wurde am 31. Mai 1975 in Lahti, etwa 90 Kilometer südlich von Helsinki, geboren, ein 16jähriger Aufsteiger, »ein Geschoß«, wie ihn der deutsche Trainer Rudi Tusch mit einem Anflug von Ehrfurcht nannte, nachdem der pausbäckige Finne mit Sprüngen von 122 und 123 Metern die Goldmedaille gewonnen hatte. »Toll, daß es sowas gibt, ich freu' mich«, sagte Toni Innauer, Trainer der Österreicher, die er rühmte: »Sie nehmen immer wieder den Kampf mit ihm auf.« Und unterliegen, kein Wunder, Nieminen springt »total in Trance«, hat Innauer beobachtet, »der ist unbefangen und läßt sich von seinem Gefühl runterspülen.« Innauer weiß, wie das ist, er hat 1976 im Alter von 17 Jahren die Silbermedaille gewonnen und ist Olympiasieger gewesen mit 21.

Nieminen, Finnlands Überflieger

Toni Nieminen hatte sich schon früh als außergewöhnliches Talent erwiesen und kam doch aus dem Nichts. Proteste wurden laut, als der 13jährige Schüler 1989 bei den Skiweltmeisterschaften in seiner Heimatstadt sich als Vorspringer von der Schanze stürzte. Ohne einem Leistungskader anzugehören, qualifizierte er sich für die Weltcup-Skispringen in Übersee und gewann auch gleich im kanadischen Thunderbay. Da blieb seinem Heimtrainer Jarkko Laine nichts anderes übrig, als die Saisonplanung zu revidieren, die auf die Junioren-Weltmeisterschaften im finnischen Vuokatti ausgerichtet war. Sein Schützling reiste zur deutsch-österreichischen Vierschanzentournee, siegte dreimal und feierte einen überlegenen Erfolg in der Gesamtwertung.

Der geschlagene Österreicher Andreas Felder, weltbester Skispringer der Saison 1990/91, prophezeite damals: »Der Nieminen ist ein heißer Favorit für den Gesamtweltcup und für die Olympiade, einfach für alles.« Doch der hochgelobte Finne behauptete: »Die Schanze in Courchevel liegt mir nicht«, die Konkurrenz in Sicherheit wiegend. Tatsächlich war er dort bei der Premiere ziemlich schlecht gesprungen, und beim er-

Die Ouvertüre der Skispringer auf der Normalschanze konnte die starke Truppe von Trainer Toni Innauer, des Goldmedaillengewinners von Lake Placid 1980, noch für sich entscheiden.

Mit Note 222,8 hatte Ernst Vettori (Bild) vor seinem Teamkameraden Martin Höllwarth und dem finnischen Wunderknaben Nieminen die Nase vorn.

sten Üben machte er auch keine gute Figur. Hatte sich sein Trainer Laine getäuscht mit seiner Einschätzung: »Zehn andere können auch so gut springen wie er, aber sein Siegeswille ist riesig und viel stärker«? Schließlich bläst den Springern in Courchevel auf 1250 m über Meereshöhe häufig der Wind leistungsmindernd in den Rücken, wie daheim in Lahti, doch: »Toni ist das gewöhnt«. Und hatte der Überflieger nicht kurz zuvor die finnische Meisterschaft auf der Großschanze mit dem ungeheuren Vorsprung von 60,6 Punkten gewonnen, umgerechnet 42,80 m?

Es schien, als sei doch alles ein bißchen zuviel gewesen für Toni Nieminen. Mit Büchern reist er durch den Winter, weil er seinen Schulabschluß wiederholen will, um bessere Noten zu erreichen und das Skigymnasium in Lahti besuchen zu können.

»Matti ist Matti und Toni ist Toni«

Ein Psychologe steht ihm zur Seite, will den unversehens zum finnischen Idol erhobenen jungen Mann davor bewahren, eine ähnlich verhängnisvolle Entwicklung zu nehmen wie Matti Nykänen, der dreifache Olympiasieger 1988, dessen Lebensweg gescheiterte Ehen, alkoholische Exzesse, Schlägereien und Straftaten säumen. Mit dem will er nicht verglichen werden, seine stereotype Antwort: »Matti ist Matti und Toni ist Toni«, basta. Doch wie soll einer unbeeindruckt bleiben, wenn in Helsinki Hunderte von Mädchen die Schule schwänzen und auf ihn einstürmen, wenn er im Kaufhaus eine Autogrammstunde gibt?

Jedenfalls feierten zum Auftakt der olympischen Skisprung-Wettbewerbe die Österreicher auf der kleinen Schanze einen unerwarteten Triumph und überließen Nieminen bloß die Bronzemedaille. Nachher mochte keiner mehr daran denken, wie es wohl gewesen wäre, wenn sie V-mäßig saumäßig gesprungen wären im Olympiajahr, und dazu noch an dem Tag, da ihre Abfahrer Gold und Bronze gewonnen hatten. »Auf ein

Ski nordisch

Spezialspringen, Normalschanze		Pkt.
1. Vettori	AUT	**222,8**
2. Höllwarth	AUT	**218,1**
3. Nieminen	FIN	**217,0**
4. Kuttin	AUT	**214,4**
5. Laitinen	FIN	**213,6**
6. Felder	AUT	**213,5**
7. Hunger	GER	**211,6**
8. Mollard	FRA	**209,7**
9. Weißflog	GER	**208,5**
27. Thoma	GER	**189,4**
34. Deimel	GER	**186,4**

Folterbrett« hätten sie ihn gespannt, gab Trainer Toni Innauer später zu, mit mißlungenen Versuchen im Probedurchgang. Schließlich war er das Risiko eingegangen, »die beste Mannschaft der Welt im klassischen Stil umzustellen«, also dem Trend folgend auf den V-Stil, in dem nach dem Absprung die Ski gespreizt werden, weil der Springer in dieser Haltung eine um bis zu 28 Prozent größere Auftriebsfläche bildet. Der Vorarlberger mit der Adlernase und dem Gespür für Entwicklungen rühmte in der Stunde des Erfolgs »Teamgeist und Pioniergeist« und sah den Mut belohnt »nach vielen Frustrationserlebnissen«.

Gewonnen hat einer, der nicht aus eigenem Antrieb, sondern nur dem Druck der jungen Springer nachgebend sich zum V-Mann hat umschulen lassen. Schließlich ist der Ernst Vettori (27) in zwölf Jahren als Teilnehmer am Weltcup an Erfolgen nur von Matti Nykänen übertroffen worden und hat die Vierschanzentournee gewonnen, sich aber nachsagen lassen müssen, ein Wackelkandidat zu sein, der sich oft genug durch einen schwachen zweiten Sprung um alle Chancen gebracht hat.

Diesmal war es umgekehrt. Nach dem ersten Durchgang führte Martin Höllwarth (17), Junioren-Weltmeister vom SC Mayrhofen, mit 116,8 Punkten für einen Sprung von 90,5 m vor Toni Nieminen (88 m), Vettori (88 m) und Andreas Felder (87 m); drei Österreicher also im Kampf mit dem Finnen.

Österreich vorn auf der Normalschanze

Der verlor. Vettori setzte im Finale, als die Anfahrt verkürzt worden war, nach 87,5 m auf und blieb unerreichbar für die geschockte Konkurrenz. Höllwarth gelangen nur 83 m, Nieminen mußte sich mit 84,5 m bescheiden, Ernst Vettoris Name leuchtete als Olympiasieger an der Anzeigetafel auf, mit Note 222,8 hatte er gewonnen und trug unter seinem Helm ein Gesicht zur Schau, in dem zu lesen war, daß es dauern wird, bis er mit sich ins reine kommt. »Es ist so ein Gefühl, daß man sich nicht lachen traut, weil man's gar nicht glaubt«, beschrieb Vettori seinen Zustand.

Was für ein Glück, daß Vater Wilfried, Cheftrainer der medaillensammelnden österreichischen nordischen Kombinierer, dem sein Sohn Günter als Langlauftrainer zur Seite steht, eines Tages eingesehen hat, »daß der Ernschtl zu schwach ist für'n Langlauf«, und ihn zu den Spezialspringern schickte. Geschadet hat die vielseitige Ausbildung nicht, denn Olympiasieger und Erfolgstrainer Toni Innauer, Andreas Felder, der mit der österreichischen Mannschaft die Silbermedaille gewann, und Vettori sind einst gemeinsam als Kombinie-

rer in der Loipe und auf der Schanze am Start gewesen.
Eigentlich, hat Vettori später gesagt, habe es ja so kommen müssen in Courchevel, denn er sei ebenso mit der Startnummer 20 zum Gold gesprungen wie vor zwölf Jahren sein Trainer Innauer, und zuvor habe der wie er die österreichische Meisterschaft auf der Normalschanze gewonnen. Die Freude, so Innauer, sei für ihn diesmal »fast größer als bei meinem Olympiasieg, weil ich sie teilen kann«.

Deutschlands Springer im Tief

Jens Weißflog aus Oberwiesenthal, der Olympiasieger von 1984, hatte nichts, das er mit jemand hätte teilen können, sein neunter Platz mit Sprüngen von 84 und 83,5 m enttäuschte, nachdem er im Training weitenmäßig hatte mithalten können und im klassischen Stil mit paralleler Skiführung nach Noten erst recht. Es blieb ihm nur, Vettori zu gratulieren: »Ich freue mich für den Ernst, weil er schon viele Tiefen durchlebt hat.«
Trotz der Niederlage blieb Weißflog, der lange verletzt gewesen war und erst spät mit dem Training hatte beginnen können, bei seiner Ansicht, »daß ein Diagonalspringer die Chance gehabt hätte, dem Treppchen sehr nahe zu sein«. Leider aber hatte Trainer Rudi Tusch im ersten Versuch von Jens Weißflog dessen »schlechtesten Sprung auf dieser Schanze« beobachten müssen.
Sechs V-Springer segelten vorneweg, den siebten Platz belegte Heiko Hunger mit Sprüngen von 87 und 84 m, Tusch lobte ihn als »besten Klassiker« und sah keineswegs schwarz für den Mannschaftswettbewerb. Hinter den Österreichern und Finnen sei alles möglich, auch die Bronzemedaille wie 1991 bei der Weltmeisterschaft im italienischen Val di Fiemme, obwohl Dieter Thoma nur den 27. Platz

Finnlands Spring-genie Toni Nieminen (Sieger auf der Großschanze und mit der Mannschaft) in Aktion (oben) und nach der Landung (links). Wenn es ein Geheimnis um die Erfolge des Ausnahme-Sportsmannes mit dem Milchgesicht gibt, dann hat es Toni Innauer am besten beschrieben: »Der springt total in Trance, der ist unbefangen und läßt sich von seinem Gefühl runterspülen.«

Ski nordisch

Spezialspringen, Mannschaft	Pkt.
1. FIN (Nieminen, Nikkola, Laitinen, Laakonen)	**644,4**
2. AUT (Vettori, Felder, Höllwarth, Kuttin)	**642,9**
3. TCH (Goder, Jez, Sakala, Parma)	**620,1**
4. JPN (Kamiharako, Harada, Kasai, Suda)	**571,0**
5. GER (Weißflog, Hunger, Thoma, Duffner)	**544,6**
6. SLO (Kopac, Zupan, Petek, Gostisa)	**543,3**
7. NOR (Olijnyk, Johansen, Ottesen, Bredesen)	**538,0**
8. SUI (Gähler, Trunz, Freiholz, Zünd)	**537,9**

belegt hatte. »Der wird wohl brutal enttäuscht sein«, kommentierte Trainer Tusch die Flucht des Skiflug-Weltmeisters vor jedweden Fragestellern.

Was dann beim Teamwettbewerb auf der großen Schanze passierte, hatte Tusch nicht für möglich gehalten. Es war nicht der fünfte Platz seiner Mannschaft, von dem der Trainer sich tief enttäuscht zeigte, sondern wie sich die auf der Schanze und danach verhalten hatte. »Wenn wir nur knapp gescheitert wären«, das hätte Tusch verschmerzt, »aber der Abstand ist deprimierend.« 75,5 Punkte fehlten zur Bronzemedaille, umgerechnet gut 52 m, Christoph Duffner sprang in seiner Runde 30,5 m weniger als Nieminen.

Geplant war, daß die erfahrenen Springer Heiko Hunger und Dieter Thoma für Duffner den Weg bereiten sollten. Doch weil der Anlauf zweimal verkürzt werden mußte wegen zu großer Weiten, mußte Duffner zuerst ran, setzte seinen ersten Versuch mit 101,5 m in den Schnee und fiel als Schwächster aus der Wertung. Der Mißerfolg wirkte ansteckend. »Heiko Hunger war dann nicht in der Lage zu sagen, das steck' ich weg«, klagte Tusch, Duffner habe »die anderen infiziert«. Die bittere Erkenntnis für den Trainer: »An der Vorbereitung hat es nicht gelegen, das hat man im Training gesehen, wo wir mitgehalten haben. Aber wenn es soweit ist, dann schaffen sie es doch nicht. Das liegt an der Psyche, wir müssen kampfstärker werden.«

»Man muß auch in der Niederlage stark sein«

Derlei harte Worte sind selten im nordischen Bereich des Deutschen Skiverbands, wo ein ständiger Verdrängungsprozeß stattfindet, an dem sich in Courchevel auch Sportdirektor Helmut Weinbuch beteiligte mit der Forderung: »Jetzt muß man den Jungen beistehen, damit sie aus dem Loch herauskommen, deswegen geht die Welt nicht unter.« Statt zu besänftigen, hätte er den geschlagenen Skispringern, die Reißaus genommen hatten, besser die Leviten gelesen. Auch Jens Weißflog, dem sein Arbeitgeber, der Skifabrikant und Olympiasprecher Christian Neureuther, offenbar vergessen hatte zu sagen, wie sich ein deutscher Olympiateilnehmer tunlichst verhalten sollte. »Man muß auch in der Niederlage stark sein, das müssen unsere Athleten lernen«, forderte Tusch.

Der Wettkampf, in dem die deutsche Mannschaft keine Rolle spielte, steckte voller Ungereimtheiten. Wie soll einer verstehen, daß ein Skispringer bestraft wird und seinem Team schadet, wenn er weiter springt als alle anderen? 125,5 m wurden für den österreichischen Olympiasieger Ernst Vettori gemessen, fünfeinhalb Meter jenseits des Kritischen Punktes war er gelandet, wo der Radius beginnt. Was blieb der Jury anderes übrig, als reglementsgerecht den Rekordsatz zu annullieren und Vettori noch einmal springen zu lassen? Der tat es widerwillig und lieferte mit 113,5 m das österreichische Streichresultat. Doch nicht Vettori verschenkte den schon sicher geglaubten Sieg an die Finnen, sondern sein Absamer Klubkamerad Andreas Felder als allerletzter Springer. Nieminen hatte 122 m vorgelegt, Felder erinnerte sich, wie er später eingestand, »daß der Toni schon am Berg Isel in Innsbruck gezeigt hat, daß er mir den Zahn ziehen kann«. Diesmal tat es besonders weh. Felder landete nach 109,5 m, »ich wollte zuviel und war nicht locker«, kritisierte er sich später schuldbewußt. Um einen Meter war er zu kurz gesprungen; den fehlenden halben Punkt hätte der österreichische Sprungrichter Alois Kogelbauer beisteuern können, der beim Sprung von Höllwarth mit 17,0 Punkten unten aus der Wertung gefallen war und froh sein konnte, daß er nicht allein schuld daran war, daß Heinz Kuttin, Ernst Vettori, Martin Höllwarth und Andreas Felder sich abends nur Silbermedaillen umhängen lassen durften. Der Sieg der Finnen überraschte auch, weil nur der überragende Toni Nieminen V-Stilist ist; Mike Laitinen, Risto Laakonen und Ari-Pekka Nikkola springen noch immer in klassischer Haltung. Bronze holte sich die Mannschaft der ČSFR, vor das deutsche Team schoben sich noch die Japaner.

Ausgerechnet Andreas Felder, mit seinen 29 Jahren der Veteran in der österreichischen Mannschaft, Weltmeister, Umsteiger auf den V-Stil mitten in der Saison, hatte sich nervös machen lassen. Auf der großen Schanze übte er Wiedergutmachung an seinen Mitspringern, ließ sich freiwillig in der ungünstigsten ersten Startgruppe auslosen, erwischte die Nummer eins und segelte auf 118,5 m hinunter. Keiner übertraf ihn, nasser Schnee fiel in die Spur, die Anlaufgeschwindigkeit sank um zwei Stundenkilometer. Vettori mußte schon nach 99 m zu Boden, mit

Die deutschen Skispringer hatten auf den Schanzen von Courchevel keine Chancen (von oben: Dieter Thoma, Christoph Duffner, Jens Weißflog). Mit der Mannschaft landeten sie auf Rang 5, in den Einzelwettbewerben unter ferner liefen.

1,68 m und 55 Kilo ein Winzling, der ohnehin kein rechtes Tempo draufkriegt. Offenbar aus Angst davor, sich nachsagen lassen zu müssen, das langweiligste Skispringen der olympischen Geschichte in Szene gesetzt zu haben, vermutlich auch der Zuschauer wegen und nicht zuletzt, um dem Kunden Fernsehen gefällig zu sein, stoppte die Jury unter Vorsitz des Deutschen Wolfgang Happle den Wettkampf und hieß die Springer eine Luke höher steigen – eine noch nie beobachtete Maßnahme; sonst wird immer nur verkürzt.

Für die Katz' war Felders weiter Satz. »Eine Schweinerei«, empörte sich dessen Trainer Toni Innauer, »kein Mensch kann mir erklären, warum man eineinhalb Meter vor dem K-Punkt abgebrochen hat.« Damit sei »einem der größten Sportler, die wir in Österreich jemals gehabt haben, eine Medaille gestohlen« worden.

Die goldene nicht, die blieb für Toni Nieminen reserviert, der mit zwei Goldmedaillen und einer bronzenen Plakette heimreiste. Den Finnen störte weder der ständig wechselnde Wind, noch hatte ihn das lange Warten nervös gemacht, nachdem Nebel eine Verzögerung bewirkt hatte, weil die Video-Weitenmessung die grauen Schwaden nicht zu durchdringen vermag. Das letzte Drittel der Springer profitierte vom Aufwind, den Österreicher Heinz Kuttin trug er auf den dritten Platz vor, »da muß ich den Hut ziehen«, sagte der deutsche Trainer Tusch. Kuttin hatte, während die Konkurrenz über den Jahreswechsel an der Vierschanzentournee teilnahm, in Seefeld schnell noch den V-Stil erlernt, weil er sonst keine Chance gesehen hätte, sich für Olympia zu qualifizieren.

Bei seinen Schützlingen hielt sich Tusch bedeckt. »Ein Lichtblick mit dem Duffy«, rief ihm der erfolgreiche Kollege Innauer im Vorbeigehen zu, aber es blieb nur ein schwacher

Ski nordisch

Spezialspringen, Großschanze		Pkt.
1. Nieminen	FIN	239,5
2. Höllwarth	AUT	227,3
3. Kuttin	AUT	214,8
4. Harada	JPN	211,3
5. Parma	TCH	198,0
6. Delaup	FRA	185,6
7. Lunardi	ITA	185,2
8. Petek	SLO	177,1
11. Duffner	GER	176,3
33. Weißflog	GER	141,3
39. Thoma	GER	132,6

Trost, daß Christoph Duffner den elften Platz belegt hatte, dabei des Trainers Ziel, einen Athleten unter den zehn Besten placiert zu sehen, knapp verfehlend. »Aber das habe ich eigentlich von Jens Weißflog und Dieter Thoma erwartet«, sagte der enttäuschte Tusch. Doch die waren »total von der Rolle«, Thoma (39.) nach seinen Worten »fix und fertig«, nach 180 vergeblichen V-Sprungversuchen innerhalb von zweieinhalb Wochen, Weißflog (33.) laut seinem Heimtrainer Joachim Winterlich nach zu vielen Übungssprüngen in Courchevel »abgestürzt«. Heiko Hunger stürzte tatsächlich ab, wie schon im Training Marc Nölke, dem in einer Notoperation ein Teil der Milz entfernt werden mußte. Hunger kam glimpflich davon und wagte mit schreckensbleichem Gesicht einen Scherz: »Das war nicht mein Tag. In meinem Horoskop steht: Gehen Sie kein Risiko ein.«

Ein Tip von Toni Innauer

Auch den anderen fiel noch ein Spruch ein. Thoma: »Dieses Jahr kann ich vergessen.« Weißflog: »Der Wettkampf war total verhauen, ich weiß auch nicht, warum.« Tusch: »Ohne Medaille hältst du das höchstens zwei Jahre durch.« Innauer: »In der Bewältigung der negativen Gefühle liegt die Herausforderung.«

uvex
uvex
reusch

Rodeln

»Turbo-Schorsch«, Deutschlands Doppel und alle Neuner

Der Mann in der silbernen Rennhaut stieß die rechte Faust in die Höhe und bremste mit der Linken den über die Ziellinie geschossenen Schlitten ab. Gold für Georg Hackl, den Rennrodler, auf seinem »Ferrari« – »ein Traum ist für mich in Erfüllung gegangen«. Die olympische Anspannung fiel ab von dem Olympiazweiten des Jahres 1988, das höchste Ziel war erreicht.

Eigentlich war der gelernte Bau- und Kunstschlosser aus Bischofswiesen bei Berchtesgaden ja an der Reihe nach zwei Weltmeisterschaften und Siegen im Dutzend billiger. Doch ausgerechnet in der olympischen Wintersaison schien Fortuna dem »Turbo-Schorsch«, wie er sich nicht ungern titulieren läßt, die Freundschaft aufzusagen. Nur einmal siegte er im Weltcup, daheim am Königsee; bei den Europameisterschaften fuhr ihm ausgerechnet der Teamkamerad Rene Friedl den Rang ab. Ob er gepokert habe, wollten die Reporter nach dem Triumph von La Plagne von ihm wissen, doch der Hackl-Schorsch blieb dabei: »Des is a Schmarrn!« Offen gestand der Oberbayer ein: »Ich wär' hier oder da auch ganz gern oben auf dem Treppchen gestanden, aber es war halt nicht so.«

Am Montag, den 10. Februar 1992 war die Silbermedaille von Calgary Schnee von gestern. Mit dem Lächeln des Siegesgewissen startete Urbayer Georg Hackl mit einem stolzen Abstand von 0,306 Sekunden auf den Zweitplacierten Markus Prock zum vierten und letzten Lauf – dem wohlverdienten Gold entgegen ...

EINSITZER HERREN

Zusammen mit seinem väterlichen Betreuer Sepp Lenz, dem Bundestrainer mit sage und schreibe 25 Dienstjahren, tüftelte der Sportsoldat Hackl am Gerät, stählte in der Kraftkammer die Muskeln und kam am Ende doch auf Altbewährtes zurück: den Schlitten von Calgary 1988 und die Erfolgskufe. Immer wieder verglich er das Neuentwickelte mit dem guten Alten, Niederlagen mit ungewohnter Kühle einkalkulierend; bei der olympischen Schlittenfahrt ist er kein Risiko mehr eingegangen.

Das zahlte sich in blendenden Trainingszeiten aus, und dieser Schachzug mündete direkt auch in die neue

»Turbo-Schorsch« Hackl im Eiskanal von La Plagne (rechts). Der Weltmeister von 1989 und 1990 hatte in der letzten Saison keine Lorbeeren geerntet, im Zeichen der olympischen Ringe aber fuhr er der Konkurrenz auf und davon. »Der Schorsch war uns allen diesmal eine Schlittenlänge voraus«, erkannte Silbermedaillengewinner Markus Prock neidlos an.

Nach WM-Gold, dreimal EM-Silber und drei Weltcup-Siegen endlich olympisches Edelmetall für Markus Prock (links), den schnellsten Österreicher im Eiskanal. Österreichs zweiter Markus, Markus Schmidt, folgte seinem Tiroler Landsmann auf den Kufen und holte Bronze.

Bundestrainer Klaus Bonsack, ehemals »Goldmacher« der DDR-Rodler, war zufrieden: Seit 1968 hatten Austrias Einsitzer keinen größeren Erfolg bei Olympia errungen.

Rodeln		
Einsitzer, Herren		Min.
1. Hackl	GER	**3:02,363**
2. Prock	AUT	**3:02,669**
3. Schmidt	AUT	**3:02,942**
4. Huber	ITA	**3:02,973**
5. Müller	GER	**3:03,197**
6. Manzenreiter	ITA	**3:03,267**
7. Haselrieder	ITA	**3:03,276**
8. Friedl	GER	**3:03,543**

Bahnrekordzeit auf der funkelnagelneuen, von Hackl als »Autobahn mit Konstruktionsfehlern« bezeichneten Kunsteispiste. Mit 45,190 Sekunden für die 1249,5 Meter distanzierte der 25jährige die Konkurrenten zwar noch nicht entscheidend, an Selbstvertrauen hatte er aber so sehr gewonnen, daß sie ihm nachher nicht mehr gefährlich werden konnten. »Es war zwar noch nicht alles optimal«, erklärte er, »aber es ließ sich schon mal gut an.« Als Trainer Lenz das Ziel auch nach dem zweiten, etwas weniger guten Lauf schon näher gerückt sah, warnte Hackl seinerseits vor »Euphorie«.

Seinem größten Rivalen, dem Weltcupsieger Markus Prock, dem Tiroler aus dem Stubaital, brach im zweiten Lauf die Kufenaufhängung. Doch nicht allein deshalb ist Prock »fast das Gesicht eingefroren«: trotz Bestzeit 14 Hundertstelsekunden im Rückstand, noch drei Hundertstel mehr als sein österreichischer Landsmann Markus Schmidt, den wohl keiner auf der Medaillenrechnung gehabt hatte.

»Turbo-Schorsch« auf Goldkurs

Procks Pech oder Hackls »großes Glück« – am zweiten Tag von La Plagne, als Schneefall den strahlenden Sonnenschein verdrängte, sind dem nur 1,72 m großen Bayern tatsächlich zwei »noch ein bißl bessere Läufe gelungen«. Bei Tempo hundert und einer Spitzengeschwindigkeit von 127 km/h raste Hackl dem Sieg entgegen und konnte sich in Kurve 15, der vorletzten, leisten, bereits die Gedanken heimwärts schweifen zu lassen zu den bangenden Familienangehörigen.

Drei Zehntel betrug am Ende Hackls komfortabler Vorsprung vor Prock, mehr als eine halbe Sekunde auf den überglücklichen Schmidt. Dreimal Bestzeit – das sprach für sich und Prock für die geschlagene Gegnerschaft: »Der Schorsch war uns diesmal eine Schlittenlänge voraus.« Der bescheiden das Lob einheimsende Sieger, vor Freude und nach den vielen Fragen »total durcheinand'«, wollte immer noch nicht davon abgehen, daß das »ein großes Glück« sei, »daß das alles geklappt hat«.

Der letzte Mohikaner

Georg Hackl ist der sechste Deutsche, der in den bis dato sieben olympischen Rodelentscheidungen Gold gewann. Er ist der Nachfolger des Oberhofers Jens Müller, der ihn vier Jahre zuvor auf Rang zwei verwiesen hatte, des letzten von fünf siegreichen Rennrodlern aus der dahingeschiedenen DDR, der letzte Mohikaner im gesamtdeutschen Team, der in Frankreich an den Start gehen durfte.

Seinen neuen Thüringer Mannschaftskameraden blieb diesmal das Nachsehen. Müller landete auf Rang fünf, um acht Zehntel distanziert, der frische Europameister Rene Friedl, neben dem Hackl in Winterberg noch »dumm« dagestanden hatte als Dritter wenige Wochen vorher, reihte sich auf dem achten Platz ein, vom Sieger 1,18 Sekunden entfernt – Welten bei den nach Tausendsteln messenden Rodlern.

»Ob das gut oder schlecht war«, hatte Georg Hackl zwischendurch trotz überzeugender Zeiten immer noch nicht gewußt, für Bundestrai-

»Ein Paar wie Pech und Schwefel«, so beschrieb Bundestrainer Sepp Lenz das deutsche Duo Stefan Krauße und Jan Behrendt (oben), das seit 1981 gemeinsam auf dem Schlitten liegt. Nach dem Gewinn der Silbermedaille in Calgary 1988 gewannen die Oberhofer 1989 erstmals den WM-Titel, den sie 1990 erfolgreich verteidigten. Dann ging es erstmal bergab im Weltcup, offenbar um ausreichend Anlauf für ihre Goldfahrt zum olympischen Gipfel zu nehmen. Wenige Hundertstel zurück glitten Yves Mankel und Thomas Rudolph übers Ziel und machten den deutschen »Doppel-Doppelsieg« perfekt. Bild rechts: Krauße, Behrendt, Mankel und Rudolph (von links).

ner Sepp Lenz war es aber keine Frage mehr: »Der Schorsch ist halt ein Großer.« Lenz lächelte gewohnt gewinnend; daß sein Meisterschüler Hackl einmal sein Nachfolger werden soll auf dem Trainerstuhl, das galt schon lange als ausgemacht.

DOPPELSITZER HERREN

Beim alten Freund Hackl war sich Lenz ursprünglich nicht so sicher, ob Gold herausspringen würde, und für seine beiden Doppelsitzerschlitten hatte er auch nur eine Medaille erhofft nach den keineswegs überragenden Leistungen im Weltcup. Und dann landeten die vier Thüringer Stefan Krauße/Jan Behrendt sowie Yves Mankel/Thomas Rudolph einen Doppelsieg, wo doch der Bundestrainer nicht einmal »Gold in Erwägung gezogen« hatte angesichts der vorherigen Überlegenheit der Südtiroler Routiniers Hansjörg Raffl/Norbert Huber.

Ganz überraschend kam der Triumph der Oberhofer Krauße/Behrendt jedoch nicht. Schon beim Testrennen auf der Olympiapiste hatten sie mit dem Bahnrekord von 45,87 Sekunden angedeutet, daß sie die als eher leicht, jedoch nicht unproblematisch angesehene Eisrinne in den Griff bekommen könnten. Sie hätten den Schlitten kurz vorher noch mit Kufen für lange und weite Kurven ausgerüstet und damit einiges riskiert und alles gewonnen, erzählte Steuermann Krauße, ein Kerl von der Statur eines Bären, nachher strahlend.

Doppelt hält besser: Gold und Silber!

In beiden Läufen fuhren Krauße/Behrendt die beste Zeit, nicht zuletzt auch, weil sie sich eines kleinen Tricks bedient hatten, wie Krauße später enthüllte: »Wir haben am Start die Beine etwas angezogen und

Rodeln		
Doppelsitzer, Herren		Min.
1. Krauße/Behrendt	GER	**1:32,053**
2. Mankel/Rudolph	GER	**1:32,239**
3. Raffl/N. Huber	ITA	**1:32,298**
4. Apostol/Cepoi	ROM	**1:32,649**
5. Brugger/W. Huber	ITA	**1:32,810**
6. Kohala/Lindquist	SWE	**1:33,134**
7. Gleirscher/ Schmidt	AUT	**1:33,257**
8. Demtschenko/ Selenski	GUS	**1:33,299**

dadurch die Lichtschranke etwas später ausgelöst.« 20 Zentimeter gewonnen – und doch vor dem zweiten Durchgang noch einmal gezittert. »So nervös war ich in meinem ganzen Leben noch nie«, gestand der 24jährige Krauße, der 1988 zusammen mit dem gleichaltrigen Schulkameraden Behrendt schon Olympiazweiter gewesen war und im Winter zuvor auch Weltmeister. Nach bestandener Nervenprobe hatte er gut lachen: »Die Läufe waren nicht hundertprozentig, aber schnell waren sie!«

Bergab – bergauf

Beim sechsten Olympiasieg eines deutschen Doppelsitzerteams seit 1968 hätten sie sich eine bestimmte Fahrlinie vorgenommen und die dann auch eingehalten – so einfach sah Hintermann Jan Behrendt die schwierige Rodelpartie über holpriges Eis auf dem wackligen Gefährt. Und im übrigen hätten sie dem Vereinstrainer vertraut, berichtete der 21jährige Olympiazweite Yves Mankel, der mit Thomas Rudolph vom Heimatverein WSV Oberhof nach Winterberg im Sauerland wechselte. »Der hat vielleicht mehr gewußt als wir selber«, als er ihnen einst empfahl, vom Einsitzer auf den Doppelsitzer umzusteigen. Es sei ihm zwar nicht recht verständlich, doch schon häufig so gewesen, daß es nach einer schwächeren Saison »nachher immer bergauf« gegangen ist.

Im zweiten Lauf rasten sie mit Tempo 115 in der Spitze noch an den Weltcupsiegern und Europameistern Raffl/Huber vorbei auf Rang zwei, die vorbildlich fair den Deutschen gratulierten. »Die waren einfach besser und haben unsere Fehler eiskalt genutzt«, sagte Norbert Huber, »dazu gehört gerade bei Olympia eine Menge Kaltschnäuzigkeit.«

EINSITZER DAMEN

Diese Eiseskälte ließen die drei deutschen Mädchen stark vermissen. Bereits nach dem ersten der vier Läufe war für sie fast alles verloren. »Das ist unglaublich«, stöhnte Georg Hackl als interessierter Zuschauer, als selbst die Welt- und Europameisterin Susi Erdmann (24) aus Oberhof auf dem sechsten Platz eintrudelte, unfaßliche 43 Hundertstelsekunden von der führenden Österreicherin Doris Neuner entfernt. Das Eis zu weich und zu uneben, »wahrscheinlich stimmt das Material nicht« – Susi Erdmann und ihre Kolleginnen verstanden die Rodelwelt nicht mehr. Trainer Lenz sprach von einem »Blackout am Start«, Hackl hatte einen bösen Fehler in der ersten Kurve entdeckt und konnte sich nur der Meinung der konsternierten, auf Rang acht abgerutschten ehemaligen Weltmeisterin Gabi Kohlisch (28) aus Oberwiesenthal anschließen: »Unsere Leistung ist unfaßbar, da gibt's nur ein Wort: blamabel.«

»Wie eine Anfängerin« sei sie gefahren, sagte Susi Erdmann, aufgesteckt hat sie aber nicht. Sie besann sich auf ihre kämpferischen Qualitäten, hat sich »ein bißchen abreagiert«, ist mit der gewohnten Schubkraft gestartet und mit der drittbesten Zeit im zweiten Durchgang wenigstens noch auf den vierten Platz nach vorn gerodelt, dicht hinter der dritten Österreiche-

Rodeln		
Einsitzer, Damen		Min.
1. D. Neuner	AUT	**3:06,696**
2. A. Neuner	AUT	**3:06,769**
3. Erdmann	GER	**3:07,115**
4. Weißensteiner	ITA	**3:07,673**
5. Myler	USA	**3:07,973**
6. Kohlisch	GER	**3:07,980**
7. Tagwerker	AUT	**3:08,018**
8. Jakuschenko	GUS	**3:08,383**
13. Otto	GER	**3:08,999**

Bild links: Als Angelika Neuner, Jahrgang 1969, mit neuer Gesamtbestzeit über die Ziellinie schlitterte, kannte der Jubel im österreichischen Team keine Grenzen. Doch eine kam noch, die war noch schneller: Angelikas jüngere Schwester Doris (Jahrgang 1971). Kein Grund also zum Stimmungsumschwung: Der Sieg blieb ja im Lande – und in der Familie.

Bild oben: »Alle Neuner« und Susi Erdmann im Siegestaumel. Doris Neuner (Mitte): »Ich bin überglücklich. Nie hab' ich an Gold gedacht!« Angelika Neuner (links): »Ein tolles Gefühl, mit der Schwester auf dem Siegespodest zu stehen!« Die Dritte im Bunde, Susi Erdmann, trug den österreichischen Doppelsieg mit Fassung: »Nach dem verhauten Beginn freue ich mich über Bronze.«

rin Andrea Tagwerker. Die beiden Neuner-Schwestern aus Innsbruck jedoch zeigten zur Freude von Klaus Bonsack, des aus der DDR geholten Chef-Koordinators im Austria-Team, auf einmal Courage, wo ihnen früher häufig die Nerven einen Streich gespielt hatten.

Doppelsieg für die »Neuner-Sisters«

Die knapp 21jährige Doris Neuner, ein Jahr jünger als Angelika, doch ebenfalls schon sieben Jahre aktiv als Rennschlittenfahrerin, verteidigte am zweiten Tag souverän ihren Vorsprung, »obwohl ich die schwerste Nacht meines Lebens hinter mir habe«, und konnte ihr Glück »gar nicht fassen«. Mit Tränen in den Augen lagen sich die Schwestern in den Armen. Beim allerersten Doppelsieg eines Geschwisterpaares, so versicherten sie, die nur der Hauch von sieben Hundertsteln trennte, wäre »der Sieg ja in der Familie geblieben«. Sie wären völlig »ohne Erfolgsdruck gefahren«.

Susi Erdmann, die Favoritin, nahm außer der Bronzemedaille die Erkenntnis mit nach Hause, daß der »innerliche Druck« wohl doch zu groß gewesen ist. »Du mußt und du willst es«, habe sie sich gesagt, all die guten Vorsätze konnte sie aber erst im vierten Lauf in eine Bestzeit umsetzen, als sie wußte: »Jetzt ist eh' nichts mehr zu verlieren.«

ROSSIGNOL

Trickski

Kapriolen auf der Buckelpiste

Ist das die olympische Zukunft? Begleitet von dröhnender Hard-Rock-Musik und durchdringendem Johlen, Kreischen, Pfeifen von 13 000 Zuschauern kurvt ein wilder Skifahrer eine bucklige Schneepiste herunter, an jedem der unzähligen Hügel elegant wie ein Tänzer die Knie einfedernd. Und als Edgar Grospiron als Olympiasieger unten ankommt, lässig mit den Hüften wackelt und als guter Patriot eine Trikolore hochhält, trampeln seine französischen Fans die Absperrzäune nieder, um ihrem Helden ausgeflippt zu huldigen. Aus den Lautsprechern schallt es in die Bergwelt von Tignes: »Show must go on«.

Nimmt man die Resonanz des Publikums als Maßstab, dann war die olympische Premiere der Trickski-Disziplin Buckelpistenfahren ein Hit, eine gelungene Reverenz an die Moderne. Der sportliche Wert des Pistenrodeos ist beträchtlich. Der möglichst rhythmische Lauf über 253 Meter und rund eine halbe Minute Dauer ist nur etwas für Austrainierte. Die Zeit macht allerdings nur ein Viertel der Gesamtnote aus, weitere 25 Prozent legen zwei Punktrichter fest, indem sie die Figuren bei den beiden Sprüngen bewerten. Über die verbleibende Hälfte richten fünf Unparteiische, die den technischen Gehalt der Vorführung beurteilen.

Aber es ist vor allem der Unterhaltungswert, der Buckelpistenfahren wie eine gelungene Party ankommen läßt. Grospiron dominierte in Tignes die Show. »Die anderen haben ein großes Problem: mich«, tönte der Franzose aus dem nahen Annecy vorher und gebärdete sich als Macho: »Ski, Sex und Rock 'n' Roll« gab er als Lebensmaxime an. Und als Athlet war er der Beste. Die anderen waren bereits unten, da sprang er als letzter aus dem Starthaus und legte eine Fahrt hin, die ihn als lockersten und perfekten Akrobaten auswies.

Bei den Frauen wurde Donna Weinbrecht zum Trickski-Superstar; die Deutsche Tatjana Mittermayer, die sich energisch dagegen zur Wehr setzt, als »Stoßdämpferfahrerin« tituliert zu werden, landete auf der Buckelpiste auf dem beachtlichen vierten Platz.

Womöglich ist Trickski tatsächlich die Zukunft. Ein olympischer Wettbewerb, spielerisch wie ein Club-Med-Urlaub.

Luftsprung auf Skiern: Das bei den XVI. Winterspielen erstmals als regelrechte Disziplin geführte Trickski feierte fröhlichen Einstand bei Olympia.

In der Damen-Konkurrenz machte die US-Amerikanerin Donna Weinbrecht (Bild) auf der Buckelpiste die beste Figur.

Trickski

Buckelpiste, Herren		Pkt.
1. Grospiron	FRA	**25,81**
2. Allamand	FRA	**24,87**
3. Carmichael	USA	**24,82**
4. Berthon	FRA	**24,79**
5. Smart	CAN	**24,15**
6. Paajarvi	SWE	**24,14**
7. Brassard	CAN	**23,71**
8. Persson	SWE	**22,99**

Trickski

Buckelpiste, Damen		Pkt.
1. Weinbrecht	USA	**23,69**
2. Kojewnikowa	GUS	**23,50**
3. Hattestad	NOR	**23,04**
4. Mittermayer	GER	**22,33**
5. Stein	GER	**21,44**
6. McIntyre	USA	**21,24**
7. Marciandi	ITA	**19,66**
8. Monod	FRA	**15,57**

Eishockey

Deutschlands Pech beim Penalty, Gold für Rußlands junge Garde

Wie sich einer fühlt, der glauben muß, der Nation höchstpersönlich eine sportliche Sternstunde vermasselt zu haben? Dem hat der deutsche Eishockeystürmer Peter Draisaitl unverhohlenen Ausdruck verliehen nach seinem tragischen Fehlversuch gegen Kanada. Wie das personifizierte Unglück saß der 27jährige vom Kölner EC im Kabinengang, mit blaugeschlagenem Auge und einer Naht auf dem Nasenrücken. »Grausam, grausam«, stammelte Draisaitl: »Ich hatte in meinem ganzen Leben noch nie so ein beschissenes Gefühl.«

7,62 Zentimeter – der Durchmesser eines Pucks bemaß den schmalen Grat zwischen Glück und Enttäuschung im Viertelfinale. Mitten auf der Torlinie war die Hartgummischeibe liegengeblieben bei Draisaitls zweitem Penalty. Womit die DEB-Auswahl 5:6 verloren hatte nach 60 erbittert umkämpften Spielminuten, die 3:3 endeten, nach zehnminütiger Verlängerung, in der keine Mannschaft der »sudden death« ereilte, nach je sechs Begegnungen Angreifer gegen Tormann, von denen Eric Lindros die letzte nutzte. Vorbei, um eine Handbreit verpaßt die seltene Gelegenheit, den Giganten zu eliminieren und selbst mitzuspielen um die Medaillen. »So eine Chance«, erklärte Mannschaftskapitän Gerd Truntschka, »bekommst du nur einmal im Leben«.

Rekordnationalspieler Udo Kießling (36) hat 1976 bei seinen ersten von fünf olympischen Spielen Bronze gewonnen, die bislang einzige Plakette für Deutschlands Eishockey. Der Vorstoß ins Halbfinale indes wäre mehr wert gewesen als der Triumph von damals. »Damit hätten wir die Eintrittskarte in eine neue Dimension gelöst«, so Kießling: »Jetzt reden alle über dieses Wahnsinnsspiel, aber in 14 Tagen ist alles vergessen.« Das wohl kaum, vergessen wird den spannendsten Vergleich von Méribel

»Wir wissen jetzt, daß wir mit ein wenig Glück jeden Gegner schlagen können«, tröstete sich und die Seinen Deutschlands Eishockey-Nationaltrainer und Philosophieprofessor Ludek Bukač nach der unglücklichen Niederlage gegen Kanada im Viertelfinale. Nach Verlängerung stand es in dem dramatischen Spiel (links ein kanadischer Angriff auf das deutsche Tor) noch 3:3 …

29

Lagebesprechung der deutschen Mannschaft vor dem Penalty (links). »Wenn man auf den Torwart zufährt«, so der deutsche Kapitän Gerd Truntschka, »denkt man, der Puck wird immer größer und das Tor immer kleiner«. Vielleicht war das der winzig kleine Unterschied zwischen Deutschland und Kanada. Lindros' Gedanken beim sechsten Penalty: »Ich wußte, das Tor ist so groß und der Puck so klein: Also: hau ihn rein.« Helmut de Raaf (oben) war geschlagen. Ähnlich wie Lindros mußte Michael Rumrich (Bild ganz oben) gedacht haben, der beim Penalty ebenfalls ins Tor traf, aber Draisaitl traf nur Torwart Sean Burke; der wußte, daß die Scheibe »entweder unter mir oder hinter mir lag«. Sie lag auf der roten Torlinie. Ende des Dramas.

so schnell keiner. Rund zehn Millionen Fernsehzuschauer haben daheim mitgezittert, soviele wie bei keinem anderen Ereignis der Winterspiele, sogar die Tagesschau wurde verschoben. Wenn Verteidiger Uli Hiemer also sagte, »wir wollten uns unvergeßlich machen«, so ist das gelungen. Bundestrainer Ludek Bukač: »Wir haben Geschichte geschrieben.«

Die Funktionäre haben anderntags noch ein wenig drübergekleckst, indem sie auf die eigene Verschlafenheit auch noch kleinkariert reagierten. Den Regeln gemäß hätte Draisaitl statt Lindros zuerst antreten müssen zum zweiten Teil der gnadenlosen Entscheidungsfindung, doch das fiel den DEB-Offiziellen erst auf, als längst alles vorbei war. Daß sie 15 Stunden später dennoch Protest einlegten, geriet eher zur Lachnummer, mit 17:1 Stimmen fiel das Votum des Weltverbandes IIHF recht deutlich aus.

Überwiegend angenehm aber werden die Erinnerungen dennoch bleiben an den deutschen Auftritt bei Olympia. Sechster sind sie am Ende geworden nach 5:4-Erfolg über Gastgeber Frankreich und 3:4-Niederlage gegen Weltmeister Schweden, was zwar einen Rang schlechter war als in Sarajewo 1984 und Calgary 1988, aber um so respektabler angesichts der Pleiten bei den vorangegangenen Weltmeisterschaften. »Ein Riesenerfolg«, fand Co-Trainer Franz Reindl, »wir haben uns hier glänzend verkauft«. Vergessen war schließlich das mühsame Vordringen in die Endrunde nach Niederlagen gegen Finnland (1:5), die USA (0:2) und Schweden (1:3), nervösem 4:2 gegen Italiens Kanadier und 5:2 gegen die Polen. Knapp bemessen ist die Vorbereitungszeit gewesen im dichten Termingedränge, dennoch haben Philosophieprofessor Ludek Bukač und Assistent Reindl die Nationalmannschaft in disziplinierten Schwung gebracht. In den Mittelpunkt gerieten vor allem so unerschrockene Talente wie der viermalige Torschütze Michael Rumrich (26), Andreas Brockmann (24), Ernst Köpf (23) oder Thomas Brandl (22).

Neuer Geist im deutschen Team

Von einem neuen Geist im Team wurde gesprochen unter Bukač; schon deshalb, weil alle mitgemacht haben, die der neue Coach dabeihaben wollte, neun vom Meister Düsseldorf, sechs aus Köln, vier Berliner und genausoviele Rosenheimer. Bukač, die gesuchte Integrationsfigur? Wie selten die egoistischen Erstligisten die DEB-Auswahl als Aushängeschild begreifen, bekam der in Méribel sogar schriftlich, als Kollege Nilsson aus Köln per Telefax die Rücksendung seines Torhüters Heiß verlangte. Auf dem Eis aber hat das DEB-Ensemble neue Stärke bewiesen. Bukač: »Wir wissen jetzt, daß wir mit ein wenig Glück jeden Gegner schlagen können.«
Was für viele Teams galt in einer Saison, die zwei Monate nach Olympia auch noch Weltmeisterschaften in der ČSFR vorsah. In dem erstmals angewandten Playoff-System, dessen Einführung belohnt wurde mit einem der kurzweiligsten Turniere überhaupt, blieb manch hochgeschätzte Vertretung auf der Strecke. Allen voran der Favorit Schweden, der so erfolglos war wie seit Jahren nicht mehr. Aber auch die laut Bukač »beste finnische Mannschaft seit Jahren« wird keine große Freude gehabt haben an Platz sieben vor Frankreich, wo Eishockey nur während der Winterspiele im eigenen Land für gesteigertes Interesse sorgte. Vom US-Trainer Petterson war zu erfahren, »wenn amerikanische Mannschaften zu den Olympischen Spielen fahren, wollen sie mit einer Goldmedaille heimkommen«. Nach Halbfinal-Niederlage gegen die GUS um Rang drei spielen zu dürfen, war für die Collegeboys allerdings so schlecht auch nicht. Die Tschechoslowaken haben unverhofft Bronze gewonnen, nachdem ihre überwiegend in Finnland, Schweden und Deutschland beschäftigten Akteure nicht zuletzt am Tresen ihrer Lieblingskneipe von La Tania zusammengefunden haben sollen. Bewahrheitet hat sich trotzdem nur Teil eins von Trainer Hlinkas Hoffnung: »Wenn wir die Schweden schlagen, können wir Olympiasieger werden.« Den haben am Schlußtag die GUS und Kanada ausgemacht. Schlappe drei Millionen Dollar war Team Canada der Versuch wert gewesen, erstmals seit der Bronzenen von 1968 wieder eine olympische Medaille zu gewinnen und neues Prestige nach der Schmach im eigenen Land (Platz vier in Calgary 1988). Beides gelang mit nur fünf NHL-Profis. Mitgeholfen haben Typen wie Torjäger John Juneau, der sich entscheiden kann, Raumfahrtingenieur zu werden oder Großverdiener bei den Boston Bruins und der launische Jungstar Eric Lindros (18), der Mann mit Rückennummer 88 und 700 000 Dollar Werbeeinnahmen pro Jahr. Für Kanadas Trainer King jedenfalls war bereits mit dem 5:2-Halbfinalerfolg über die ČSFR »ein Traum in Erfüllung gegangen«.

Gold für die »Moskauer Stadtauswahl«

Die gerade aufgelöste Sowjetunion indessen konnten auch die wackeren Kanadier nicht hindern am achten Olympiasieg. Das Resultat (3:1), sagte Viktor Tichonow, sei die Antwort auf alle Fragen, z. B. auf die, ob die einst so dominierende UdSSR in politisch schweren Zeiten würde konkurrieren können. Bei WM (Dritter) und Canada-Cup (nur Fünfter) waren Zweifel aufgekommen, doch die zerstreute die GUS auf beeindruckende Weise. Gemeinschaft Unabhängiger Staaten? Eine Moskauer Stadtauswahl hatte Tichonow mitgebracht nach dem Massenabgang Richtung Nordamerika, außer den in Bern beschäftigten Routiniers Bykow und Chomutow vorwiegend unerfahrene Spieler. Doch noch erscheint das Repertoire unerschöpflich an Ausnahmetalenten wie Stürmer Alexej Kowalew (18), um den sich die halbe NHL streitet. Mehrfach war die russische Überlegenheit gebrochen, immer wieder kehrte Viktor Tichonow (61) zurück. Derweil sich die jungen Spieler nach dem Schlußpfiff zur rot-weißen Pyramide türmten, reckte er jubelnd und lachend die Arme empor – welch eine Gemütsregung für den Mann, den sie wegen seines maskenhaften Gesichts in Amerika »Buster Keaton des Eishockey« getauft haben. Nicht so schlimm, daß hinterher nur die olympische Hymne gespielt wurde: »Ein Glücksgefühl«, so Tichonow, »wie ich es lange nicht erlebt habe«. Viele Denkmäler wurden gestürzt in Moskau, das von Viktor Tichonow am Kreml werden sie vorerst stehenlassen.

Eishockey

Gruppe A

Endstand Vorrunde	Tore	Pkt.
1. USA	18: 7	9: 1
2. SWE	22:11	8: 2
3. FIN	22:11	7: 3
4. GER	11:12	4: 6
5. ITA	18:24	2: 8
6. POL	4:30	0:10

Gruppe B

Endstand Vorrunde	Tore	Pkt.
1. CAN	28: 9	8: 2
2. GUS	32:10	8: 2
3. TCH	25:15	8: 2
4. FRA	14:22	4: 6
5. SUI	13:25	2: 8
6. NOR	7:38	0:10

Eishockey

Viertelfinale

USA – FRA	5:2
GUS – FIN	6:1
TCH – SWE	3:1
CAN – GER	3:3, n. V. 3:2 im Penaltyschießen

Plazierungsspiele der deutschen Mannschaft

GER – FRA	5:4
GER – SWE	3:4

Halbfinale

GUS – USA	5:2

Finale

GUS – CAN	3:1

Eishockey

Abschlußtabelle

1. GUS
2. CAN
3. TCH
4. USA
5. SWE
6. GER
7. FIN
8. FRA

---

9. NOR
10. SUI
11. POL
12. ITA

Die unerfahrenen Jungs von Trainer Viktor Tichonow, den sie in den USA wegen seines unbewegten Gesichts den »Buster Keaton des Eishockey« nennen, hatten sich ihre Goldmedaille redlich verdient. Nach der Abwanderung so vieler alter Könner aus dem ehemaligen Sowjet-Team nach Nordamerika wog ihr Sieg über Kanada noch mal so viel.

Bilanz Österreich

Goldrausch in Hoch-Savoyen

Das Glücksrad kam nicht zum Stillstand, so als hätt' es Midas gedreht. Unentwegt rasselte, schepperte und klimperte es. Gold, Silber, Bronze. Haufenweise. Beim Kassasturz gingen vor allem den (N)eidgenossen die Augen über: Summa summarum 21 Stück, davon sechs vergüldete. Ja, wer hätte das gedacht? Ein Jackpot! Albertville verwandelte sich ins Casino Royal, in dem Austria wie noch nie abräumte – und das, obwohl so manches Gold, schon griffbereit, aber entwunden oder entglitten, noch unter den Tisch gefallen war. Eine Sensation? Kein Wunder! Was macht der elegante, rotweißrote Chefolympier, wenn er nicht gerade ein sportliches Steckenpferd reitet, von Berufs wegen? Er kommandiert Österreichs Spielbanken, herrscht über Glücksspiel-Monopol, auch noch Lotto-Toto. Wäre ja gelacht, wenn es da keine Haupttreffer gäbe, Gold und andere Medaillen regnete! Mit seiner Wahl wurde – auch Wahlmänner können Glücksritter sein – auf den richtigen Jeton gesetzt. Casino-General Leo Wallner, erst seit Dezember '90 in Amt und Würden, kam samt seinen bejubelten, angehimmelten, bewunderten Gewinnern aus dem Feiern kaum heraus. Die Schüssel ging über, randvoll war sie am Schluß. Hatte es da nicht Unkenrufer gegeben, die gemeint hatten, Österreich würde vor dem Blechnapf sitzen? Dort nagten die Schweizer am Hungertuch. So geht's eben zu im Casino. Wer einmal die Bank sprengt, ist anderntags oft bankrott.

Rache, so heißt es, ist süß, Schadenfreude ist Balsam auf alte Wunden.

Petra, Petra über alles

Nichts von alldem. Es gab nicht einmal – Schweizer-Witze! Das nennt man Großzügigkeit. Oder Anstand. Die Anständigste wuchs zur Größten, die – ein Fräulein Doris Neuner, die samt Schwester Angelika die Konkurrenz beinahe zu Dodeln auf der Rodel stempelte, ein Patrick Ortlieb, vom Riesenbaby zum Abfahrtsgiganten mutiert, ein Ernst Vettori, der gar Ufo Nieminen einmal überflügelte, ein Ingo Appelt, der vom Juwelier zum Bob-Goldschmied wurde, mögen es verzeihen – über allen Helden von Albertville und Umgebung thronte: Petra Kronberger, die zweimal gekrönte Ski-Königin, auch im »Time«-Magazin prospektiv, schon vor dem zweiten Triumph, als »Petra The Great« apostrophiert. Sie wurde ihrem Ruf gerecht. Auf der Piste. Und abseits davon. Eine Alleskönnerin, die für alle ein Ohr hat. Immer höflich, stets pflegeleicht, nie kratzbürstig. Fast ein Wunschkonzert.

Oder ein Märchen. Daran erinnerte nämlich ihre erste Siegerehrung in Mottaret, hoch droben über Méribel, als sie – Gold um den Hals, Kombi-Sieg im Sack – erstmals den Olymp erlebt hatte. Leise rieselte der Schnee, eine Hollywood-Kulisse à la Walt Disney, fast zu kitschig, um wahr zu sein. Ein paar Tränen verdrückte sie dabei. Der vollendete Traum, der für Alpträume entschädigte, auch jenen, als sie 1991 in Saalbach, frisch gekürte Abfahrtsweltmeisterin, aus allen Wolken ins Sturzpech gesegelt war. Oder in Vail '89, als sie von Gold träumte und im Tränenmeer landete. »Das war der größte Schlüssel zum Olympiasieg. Und dann hat's viele, viele kleine 'geben!« Wie Perlen am Rosenkranz. Sie tankt Kraft aus Glauben, Gebet und Familie. Drum ist Kronberger fürwahr nicht von schlechten Eltern. Samt Freund Thomas.

Petra, Petra über alles. »Ein Wahnsinn!« stammelte sie in vollkommener Glückseligkeit, als sie Skigeschichte geschrieben hatte, erste österreichische Slalom-Olympiasiegerin geworden war, überlegen noch dazu, aus Lauerstellung (Halbzeitdritte) gestartet. Erste Österreicherin überhaupt, die jemals zwei Goldene auf einen Schlag errungen hatte, nur Toni Sailer gelangen 1956 (Cortina) deren drei. »Mit einem Jahrhundertlauf!«, meinte sie nachher. Hemmungslos, ohne Bremsen. »Ich hab' mir g'sagt: ›Petra, greif an, oa Goldene hast schon . . . Wann's sein will,

will's sein. Sonst nit!‹« Sie jubelte schon, als es erst Bronze, dann ein Silberstreif war. Und vollführte Freudentänze, als es wieder Gold wurde – »eins, das mehr glänzt als in der Kombi!« Dort war sie – Ginthers Lendenwirbelbruch hatte die Favoritin weggeräumt – haushoch überlegen. Trotz Anita Wachter, der versilberten Titelverteidigerin. Trotz Ulli Maier, die alles riskierte, das zweimalige WM-Märchen dreimal beschwor – und dreimal verfehlte. Ulli, die Blech-Marie. Oder Anti-Petra. Olympia negiert WM-Gesetze.

Da eine Götterdämmerung, dort quasi die Zauberflöte. Wer hätte sich, da seine Form spurlos verschwunden schien, vor den Spielen jemals Pistenfloh Anita als doppelte Olympiazweite ins Ohr setzen lassen? Sie selbst hätt's nie gewagt! »I hen«, meinte sie in ihrem Montafoner Dialekt, »nie die Erfolg g'et, die mei'm Talent entsprechen. Drum ischt's eine Genugtuung für mich!« Vor allem im Riesenslalom eine gigantische – trotz zeitraubenden Fehlers im Finish, der viel Schwung gekostet hatte. »Mir«, sagte Damenchef Raimund Berger, ein Akademiker, sensibel und mit Fingerspitzengefühl gesegnet, »gibt dieses Silber besonders viel. Riesenslalom ist die schwerste Disziplin. Und da siehst am stärksten die Trainerhand!« Keine Abwertung Petras. »Wer eine wie sie hat, muß dem Herrgott danken!« Ein himmlisches Zugpferd, das auch einen notorischen Pechvogel in einen – bronzenen – Glückspilz verwandelt: Vroni Wallinger aus St. Koloman bei Salzburg, vor dem Abfahrsstart von panischer Eis-Angst gepeinigt, aber immer schneller, je näher sie dem Ziel kam. »Ich hab' denkt, es ist eh alles verloren, laß es laufen . . . !« Die Brettln trugen sie zur Medaille – schneller als Markenkollegin Petra die Große, der in Abfahrt und Super-G zusammen nur ein

Petra, Petra über alles: Sie ist die erste Österreicherin, die zwei Goldene auf einen Schlag gewonnen hat. Nach ihrem Sieg in der Kombination hat sie beim Start zum Slalom gesagt: »Petra, greif an, oa Goldene hast schon ...« So wurde es ein Jahrhundertlauf und aus Petra Kronberger Österreichs alpine Skikönigin.

Zehntel fehlte, zu einem noch mehr geschmückten »Edelfräulein« zu werden.

Die Skidamen – zweimal Gold, zweimal Silber, einmal Bronze, so viel Medaillen wie alle Alpinen in Calgary '88 – zogen die Hosen an, obwohl Patrick Ortlieb auf der Bellevarde-Abfahrt in Val d'Isère, alles andere als maßgeschneidert für ihn, schon am ersten Tag die größte Stunde geschlagen hatte. Patrick, bis dahin sieglos, höchstens Geheimtip, niemals Favorit, zog das große Los in der Nummernlotterie, er nützte die Eins, um erstmals Erster zu werden, mehr noch, den Gipfel zu stürmen, hauchdünn nur, beim Sturmlauf von Piccard (0,05 zurück) ging der Kelch gerade noch vorüber. »Das Warten war viel ärger als das Rennen, da hab' ich Blut geschwitzt«, meinte Patrick, erster Abfahrts-Olympiasieger seit Leonhard Stock (diesmal mit Spitzen-Zwischenzeit gestürzt) in Lake Placid '80. Ein epochaler Sieg, veredelt noch durch Günther Mader, dem Tiroler Slalomakrobaten, der glanzvoll die (Abfahrts-)Kurve zu Bronze genommen hatte. Hundertstel fehlten zu mehr. Heinzers und der Schweizer Favoritensturz begleitete die Auferstehung der Abfahrtsnation Österreich!

Wen der Goldrausch schon zum Auftakt (fünf Medaillen am ersten Tag!) packt, der schwelgt in Euphorie, schwebt auf einer Wolke, läßt sich auch nicht ernüchtern, wenn er – obendrein noch historische – Siege verschenkt. Wie Hubert Strolz, nach Kombi-Abfahrt und Slalomführung schon so weit vorn, »daß er hätt' z'Fuß gehen können, um die Goldene abzuholen!« (Mader). Auch er sah sich schon im Ziel, ehe er stolperte – am fünftletzten Tor, Gold vor Augen, Skigeschichte im Kopf, als erster Skirennläufer den Olympiasieg verteidigt zu haben, kam ein Blackout. Aus der Traum.

Dafür sprengte, quasi zum Finale furioso, der Rohrmooser Michel Tritscher (26) die Fesseln der Verunsicherung, in der er sich einmal eingefädelt und verheddert hatte. Ein Psychotrick löste auf dem Schneeteppich von Les Ménuires die inneren Sperren des Steirers, der zweimal Zweitschnellster gewesen war, Tombas Superlauf (»An der Grenze!«) wegen aber nur Bronze eroberte. Eine Medaille, deren Glanz alle Kehrseiten überstrahlte. »Genau hier«, so Michel, »hab' ich '91 zwei Europacupslalom g'wonnen – immer Bestzeit im zweiten Lauf. Und's Wetter war genau gleich. Ein Traumtag!« Der Generalprobe folgte die Premiere. »1991 hab' ich in Lillehammer g'wonnen. Ein gutes Omen für 1994!« Er bekam Appetit auf Medaillen.

Unersättlich schienen die »Adler« zu sein, ausgehungert seit 1980, gierig auf olympische Beute. Wieder beflügelt oder gerade flügge durch die Schere, die sie – gelehrige Schüler eines Meisters wie Toni Innauer – schnell oder von der Pike auf gelernt hatten, um Erinnerungen an alte Pleitegeier (Sarajewo '84, Calgary '88) triumphierend abzuschneiden. V wie Victory – Ernst Vettori (28), zweifacher Vater, fast schon verlorener Sohn, führte es vor. Das »V« verwandelte ein Versuchskaninchen zurück in den Raub-Vogel, der Klauen zeigte, Schwingen ausbreitete und – ohne Nervenflattern – zu Gold auf der Normalschanze stieß, im Gefolge ein Küken aus dem Adlerhorst, Martin Höllwarth (17). Mit vereinten Kräften überflügelten sie selbst den Außerirdischen, eben Toni Nieminen, bei weitem. Goldener Gehorsamssprung eines oft Enttäuschten. »Wenn einer wie der Ernst«, so faßte Denker Innauer, vom Wunderkind zum bewunderten Trainer gereift, zusammen, »so viel erlebt hat, schreibt er im Olympiasieg eine Geschichte, da beginnt er zu dichten . . .«

Im Triumphmarsch ahnte niemand, daß Dolchstoßlegenden folgen würden, deren Autor – aus Österreich kam! Ein Eisenerzer, Alois Kogelbauer, Intimfeind Innauers, warf im Kampfgericht nicht die 110-kg-Masse, sondern Aversionen in die Waagschale, daß sie sich – als die Adler schon aufgeplustert im Ziel standen – zu den Finnen neigte. Weniger der Sprungfeder Toni (Nieminen) wegen, die in unerreichten Höhen schwebte, weniger Weltmeister Felders wegen, dem ein Meter (oder zwei Punkte) fehlten, schnalzte das Pendel zurück, das Chefadler Toni auf dem wunden Punkt traf. »Wären wir einen Hauch weiter gesprungen, müßten wir nicht diskutieren. Aber was man mit uns durch Verkürzungen und Abwertungen aufführt, ist ein Skandal. Wieder, zum vierten Mal schon im Mannschaftsspringen, fällt der Österreicher mit seinen Noten heraus. Der Kogelbauer macht sich Liebkind bei der FIS – und meine Springer sind die Betrogenen!« Mit Innauer, sonst gezügelt, galoppierten Emotionen davon. Er haderte mit Silber, das Gold hätt' sein können. Es wurde ihm und Martin Höllwarth, dem jungen Hupfer aus Tirol, durch einen Nieminen, der Aufwind verspürte, auch auf der Großschanze – nach annulliertem Traumflug Felders, der Adler-Flügel stutzte – mit phänomenalen Weitenflügen entwunden. Silber und Bronze (Weltmeister Kuttin) blieben Trostpflaster für kaum vernarbte Wunden. Von sieben möglichen Medaillen eroberten Österreichs Adler fünf – und zürnten, daß es ein Gold blieb.

Der Goldschlauch von La Plagne

Wahre Wunder vollzogen sich auch im Ammoniak-Kanal von La Plagne, der zum Goldschlauch mutierte. Das Hackl im Kreuz, der siegreiche Schorsch aus Bayern, störte keinen, als Markus Prock, Weltmeister und Weltcupsieger, sowohl Favoritensturz als auch Schmach von Calgary '88 mit Silber tilgte – und die Spur zur Sensationsbronze von Markus Schmidt legte. Medaillen, die aus der Hexenküche des DDR-Imports Klaus Bonsack stammten? Mitnichten! Die ostdeutschen Schlitten, von ihm gebracht, waren nicht auf Touren gekommen. Dafür liefen handge-

Zu guter letzt ein Grand mit Vieren: Gold für Appelt, Winkler, Haidacher und Schroll im Viererbob »Österreich I«.

schnitzte heimische wie geschmiert, so schnell, daß sie die Neuner-Sisters im Eiltempo zu einem fürwahr historischen Doppelsieg beförderten: Landesbeamtin Doris vergoldet, die arbeitslose Angelika versilbert, Favoritin Erdmann am Boden zerstört. Schrecksekunden durchlebten die Geschwister erst beim Protest gegen ihre verkleideten Schuhe. Aber auch dieser Kelch ging vorüber, und im Austria-Haus von Brides-Les-Baines konnten Sektkorken knallen. Die Mauerblümchen, manchmal als Dodel auf der Rodel verspottet, blühten so auf, daß auch k.u.k.-Import Emese Hunyady – im 3000-m-Eisschnellauf (Bronze) erstmals veredelte Eisgräfin aus Budapest – das Lachen wieder lernte. Ihr Traum, die Unschlagbare (Niemann) zu entthronen, war bei 16 Plusgraden ums Glücks-Minus zerronnen. »Aber eine Bronzene hab' ich schon. Die nimmt mir keiner mehr!«

Den hatte jahrelang Goldschmied und Schmuckdesigner Ingo Appelt aus Fulpmes betrieben, ohne daß sich das Investment olympisch rentiert hätte. Weder in Calgary noch im Zweier-Bob (mit Thomas Schroll) von La Plagne. »Weil ich immer aufs Resultat g'schaut hab. Und weniger aufs Fahren!« Aber er hatte für den Vierer – einen Allerweltsbob, keinen Wunderschlitten – daraus gelernt, Nerven wie Drahtseile bewiesen und Wolfgang Hoppe einen Strick gedreht. »Nicht das Material, die Mannschaft ist das Besondere daran!«, flocht Ingo seinen Kollegen wahre Kränze, als er – Schlußpointe unvergeßlicher und womöglich unerreichbarer Winterspiele – die Winzigkeit von zwei Hundertsteln Vorsprung wieder in einen historischen Bob-Olympiasieg verwandelt hatte. Österreich wurde – trotz einiger Pechvögel – in Albertville und Umgebung von der Glücksgöttin gestreichelt. *Josef Metzger, Wien*

Bilanz Schweiz

Die Eidgenossen im Val Misere

Es wird schwierig sein, einen Namen zu finden für das, was aus Schweizer Sicht bei den XVI. Olympischen Winterspielen passiert ist. Die triste Bilanz mit einer Gold- und zwei Bronzemedaillen läßt sich nicht mit einer lockeren Floskel ins olympische Geschichtsbuch eintragen.

1964, als die Schweizer ohne Medaille zurückkehrten, hatten wir es noch einfacher. Da sprachen alle vom Debakel von Innsbruck, und wenn seither bei irgendeiner größeren Veranstaltung Medaillenlosigkeit drohte, bemühten wir den »Geist von Innsbruck«, um ansteckende Erfolglosigkeit zu erklären.

Jetzt ein »Debakel von Albertville« zu bejammern, wäre völlig falsch. Denn in der sympathischen savoyischen Kleinstadt hinterließen die Schweizer einen erstklassigen Eindruck. Adrett, wenn auch nicht sehr phantasievoll gekleidet, präsentierten sie sich bei der Eröffnungsfeier fröhlich und doch geordnet, und Vreni Schneider, die Skikönigin von Calgary, trug die Fahne mit dem ihr eigenen Charme. Und auch bei der Schlußfeier fielen die Schweizer keineswegs negativ auf.

Das gilt auch für Albertvilles schlichten Olympiapark, wo sämtliche Eislauf-Wettbewerbe durchgeführt wurden. Weil das Wintersportland Schweiz, das sich für sein besonders dichtes Netz an Kunsteisbahnen rühmt, weder im Schnell- noch im Kunstlauf vertreten war, mußte in Albertville nicht nach Erklärungen für die Niederlagen geforscht werden.

Es gab aus schweizerischer Sicht also nicht ein »Debakel von Albertville«, sondern viele kleinere und größere, ziemlich eigenständige Debakel, die nur zum Teil etwas miteinander zu tun hatten. Zählen wir sie der Vollständigkeit auf: Das Debakel von Val d'Isère der alpinen Männer, das doppelte Debakel von Méribel der alpinen Frauen und der Eishockeyaner, das Debakel von Courchevel der Springer und Kombinierer und das Debakel von Les Saisies der Langläufer. Die Misere war genau so zerstückelt wie die Spiele, die man auch als »Gemeinschaft unabhängiger Weltmeisterschaften« (GUW) hätte bezeichnen können. Und sie hatte verschiedene Ursprünge.

Die schlimmste Niederlage erlitten die Schweizer in Val d'Isère.

Gestärkt durch zahlreiche Siege im Weltcup, durch Triumphe in Kitzbühel und Wengen, durch einen Dreifach-Erfolg im Super-G von Morzine, waren die Schweizer Alpinen ausgezogen, um den Olymp im Sturm zu erklettern. Auf die, die den frohen Bergsteigertrupp anführten, das wußte man, war Verlaß. Was sollte schon passieren, wenn Meister wir Franz Heinzer und Paul Accola, die zuletzt in den schlimmsten Stürmen nie die Nerven verloren hatten, vorausgingen?

Doch dann passierte das Schlimmste, was passieren konnte: Die beiden Führer rutschten aus.

Die Ausrutscher der Favoriten

Franz Heinzer, Weltmeister und Weltcupsieger in der Abfahrt, Doppelsieger am Hahnenkamm, Sieger am Lauberhorn, der hohe Favorit, verlor im Training zur Olympia-Abfahrt an der Face de Bellevarde die traumwandlerische Sicherheit, die ihn in den Rennen zuvor für alle anderen unerreichbar gemacht hatte. Die engen Kurven im unteren Teil der Strecke, die so sehr einem Super-G glichen, bekam Heinzer, der letztes Jahr auch den Super-G-Weltcup gewonnen hatte, nie in den Griff. Er begann zu zweifeln, tüftelte mit Skiern und Schuhen – und war für die andern mit einem Schlag wieder ein Skifahrer vom gleichen Stern. Als Heinzer im Rennen schon früh einen Fehler beging, wollte er das Schicksal zwingen. Er riskierte zuviel und fiel nach einem weiteren Bremser auf den sechsten Rang zurück.

Paul Accola, der praktisch uneinholbar Führende im Weltcup, erlebte ähnliches. Der Spezialist für Torläufe aller Art war nach seinem Sieg im Super-G von Morzine und seinen Trainingsleistungen zum heißesten Insider-Tip für die Abfahrt geworden. Die Strecke, die sein Landsmann Bernhard Russi in den Berg geschnitzt hatte, schien auf ihn zugeschnitten.

Wir malten uns schon Szenarien aus für die Zukunft der Spiele: Wenn Accola zum Auftakt in der Abfahrt die Goldmedaille gewinnt, dann wird selbst Savoyens OK-Präsident Jean-Claude Killy um seinen in Grenoble aufgestellten Rekord (dreimal Gold) zittern.

Doch auch Accola »verhaute« die ersten Kurven, auch er riskierte danach zuviel – und landete im Schnee.

Der Schock saß tief.

Bernhard Russi wurde in der Schweizer Öffentlichkeit zum Landesverräter. Heinzer reiste, um sich zu erholen, vorerst für ein paar Tage nach Hause, doch das half wenig: Im Super-G schied er aus.

Accola hatte es leichter. Er hatte erst eine von fünf Trumpfkarten ausgespielt. Doch als auch die zweite nicht stach, verlor er den Kopf. Nach der Kombinations-Abfahrt, in der seine gefährlichsten Rivalen Marc Girardelli und Günther Mader ausgeschieden waren, hatte er die Goldmedaille in Griffweite. Den 16 fehlerfreien Läufen im Weltcup hätte er im Kombinationsslalom nur zwei halb so gute beifügen müssen – es hätte gereicht. Doch Accola fädelte ein, stieg zurück – und verwandelte seinen Auftritt in eine peinlich berührende Demonstration gegen die miserable Pistenpräparierung. Er umkurvte die Stangen in der Abfahrerhocke, überquerte das Ziel rückwärts und verscharrte seine Startnummer im Schnee. Am meisten schadete er sich damit selber. Er war danach leer und fand die Kraft nicht mehr, um eine der drei noch bleibenden Chancen zu nutzen.

Nach dem Absturz ihrer beiden Führer irrten die übrigen Fahrer aus dem Schweizer Männerteam hilflos umher. Der Olymp wurde unerreichbar, weil keiner die Verantwortung übernahm und ausrief: Mir nach! Auch die Trainer waren nicht in der Lage, den Weg zu weisen. Sie standen vor einer völlig neuen Situation: Nie zuvor hatten sie sich bei schlechtem Wetter bewähren müssen. Als Chef der Frauen hatte Jean-Pierre Fournier bei Olympischen Spielen wie im Schlaraffenland gelebt, statt gebratener Tauben flogen ihm Goldmedaillen in den Mund.

Die Folge davon waren Ehrenplätze, die bei einem Weltcuprennen sogar lobend erwähnt worden wären: Marco Hangl wurde Sechster im Super-G, Paul Accola Vierter im Riesenslalom, Patrick Staub Vierter im Slalom. Nach dem Slalom mit den Rängen 4, 6 und 7 hätten wir, wäre es Weltcup und nicht Olympia gewesen, gar ausgerufen: Hurra, endlich haben wir wieder ein Slalomteam!

Der Vollständigkeit halber sei erwähnt, daß das Schweizer Männerteam nicht ganz leer ausging: Hubert Strolz, der netteste und freundlichste Fahrer im Zirkus, schenkte mit seinem Sturz fünf Tore vor dem Ziel Steve Locher eine Bronzemedaille in der Kombination. Danke.

»Vreeeeeni, hilf uns!«

Die Frage, wie weit der Absturz der beiden Olympia-Bergführer Heinzer und Accola die übrigen Schweizer Olympia-Teilnehmer erschüttert hat, ist nicht leicht und nicht einheitlich zu beantworten.

Im Frauenteam regierte jedenfalls am Vorabend der ersten Prüfung, der Kombinationsabfahrt, noch der ungebremste Optimismus. Chantal Bournissen, die Kombinations-Weltmeisterin, lachte ihr hinreißendstes Lachen, als sie auf Zusammenhänge mit der Männer-Niederlage angesprochen wurde. Entscheidend sei, sagte sie, daß sie die Freude am Skifahren wieder gefunden habe.

Ihm ist es zu verdanken, daß die Schweiz mehr als Lochners bronzenen Kombinations-Trostpreis ergatterte: Bobpilot Gustav Weder gewann Gold im Zweier- und Bronze im Viererbob.

Am Tag danach fuhr sie im untersten Streckenteil in den Neuschnee, verschenkte dabei eine Sekunde und – wie sich nach ihrem sehr guten Slalom zeigen sollte – eine sichere Kombinationsmedaille. In der Abfahrt gehörte Bournissen zu jenen glücklosen Fahrerinnen, die bei sehr schlechter Sicht hatten starten müssen. Im Zielhang stürzte sie – wie drei Tage später auch im Super-G.

Das war etwas viel Pech für die Abfahrts-Weltcupsiegerin, die, realistisch betrachtet, die einzige Schweizer Medaillenanwärterin war neben Vreni Schneider, der Doppel-Olympiasiegerin von Calgary. Die anderen, etwa Heidi Zurbriggen oder Heidi Zeller, hätten schon über sich hinauswachsen müssen, um ihre Träume zu realisieren. Doch »Exploit« war in Savoyen in jedem Schweizer Dialekt ein Fremdwort.

Die Männer im »Val Misere«, ihre Teamkolleginnen in Méribel geschlagen – für Vreni Schneider, die große Hoffnung für Riesenslalom und Slalom stieg der Druck ins Unermeßliche. Natürlich hatte sie ähnlichem Druck vor vier Jahren (oder auch letztes Jahr bei der WM) widerstanden. Doch diesmal war alles ein bißchen anders. Nach einem glänzenden Saisonstart hatte sich bei der Glarnerin Zweifel eingeschlichen. Im Riesenslalom hatte sie mit einem Schlag ihre vermeintliche Unantastbarkeit eingebüßt, bei der Olympia-Hauptprobe im Slalom schied sie aus, auf die Olympiakombination verzichtete sie, weil ihr die Abfahrt als zu gefährlich erschien.

Sie reiste ab, um sich in der heimischen Nestwärme vorzubereiten. Doch als sie zurückkehrte, hängte sich eine ganze gekränkte Skination an ihre Schultern und flehte sie an: »Vreeeeeni, hilf uns!«

Das war selbst für die stärkste Seele zuviel: Im Riesenslalom schied Vreni Schneider aus, im Slalom war sie blockiert und wurde nur Siebte. Fernseh-Aufnahmen zeigten, daß sie die Zeitmessung schon ausgelöst hatte, bevor sie zum Katapultstart ansetzte. Einbuße: 0,8 Sekunden, mehr als ihr zu einer Medaille fehlten.

Vreni Schneiders Niederlage läßt sich in einen Zusammenhang stellen mit dem Absturz der »Bergführer« Heinzer und Accola im Val Misere. Die anderen dezentralen Debakel kommen nicht in den Genuß einer solchen Entschuldigung.

Die Eishockeyaner, die in ihrem letzten Vorbereitungsspiel das Team der ehemaligen Sowjetunion geschlagen hatten und dabei den endgültigen Einzug in die Weltklasse feierten, waren von ebendiesen »Gussies« schon wieder entzaubert worden, als Heinzer und Accola noch immer hofften. Es ist die schlimmste Voraussetzung, wenn Schweizer Eishockeyspieler glauben, sie seien gut: Dann vergessen sie, daß der Weg zum Erfolg nur über Kampf und Disziplin führt. Dann stürzen sie ab, verlieren ihr Selbstvertrauen, suchen Fehler überall, nur nicht bei sich selbst – und dann helfen auch Kampf und Disziplin, auf die man sich allenfalls in einem letzten Anlauf wieder besinnt, nicht mehr weiter. Die 3:4-Niederlage im entscheidenden Spiel gegen Frankreich war der peinliche Tiefpunkt.

Auch die nordische Erfolglosigkeit war hausgemacht und nicht durch die Alpinen übertragen. Die Langläufer waren schon als »Exoten« angereist und schlugen sich auch entsprechend, mit einer Ausnahme: Giachem Guidons Willensleistung im abschließenden 50er verdiente sich lobende Erwähnung. Die Langläuferinnen blieben mit Rängen zwischen 10 und 20 im Rahmen der Erwartungen. Pech, daß mit Barbara Mettler eine der stärksten erkrankte, die Staffel dadurch geschwächt und so bereits der Ansatz zu einem Exploit erstickt war.

Die junge Springer-Mannschaft, immerhin das Produkt eines sorgfältigen Neuaufbaus, wurde von Olympia in einem unglücklichen Augenblick erwischt. Die Unbeschwertheit, die einen Nieminen oder einen Höllwarth auszeichnet, hatten die vom »Denker« Stefan Zünd angeführten Springer schon verloren, die Reife eines Felder oder Vettori aber noch nicht gefunden. Die Folge hieß Absturz.

Die Springer werden, so ist zu hoffen, aus dieser Niederlage lernen und sich auf ihrem Weg nicht bremsen lassen. Für die Kombinierer läßt sich das nicht behaupten. Sie sind in Courchevel endgültig aus ihrem wunderschönen olympischen Traum aufgewacht, in dem sie vor vier Jahren mit Gold und Silber überschüttet worden sind. An Hippolyt Kempf und Andreas Schaad ist die Entwicklung in der nordischen Kombination im Schnellzugtempo vorbeigerauscht. Vor vier Jahren waren die beiden akzeptable Springer und phänomenale Läufer. Jetzt vermochten sie nicht einmal mehr in der Loipe mit den Besten mitzuhalten. Und von Springen konnte kaum mehr die Rede sein, höchstens von Hüpfen.

Eine Insel der heilen Welt

Zum Glück für die Schweizer gab es im 1600 km² großen Olympiagelände eine Insel der heilen Welt. In der Idylle von La Plagne, dort wo statt Milch und Honig Ammoniak durch Röhren und Röhrchen fließt und für 70 Millionen Mark ein Eiskanal erstellt worden ist, nistete sich ein Völklein ein, das dem Virus der Niederlage widerstand.

Den Bobfahrern ist es am wohlsten, wenn sie in Ruhe gelassen werden, wenn sie unter sich sind. Er brauche, wenn er einen Wettkampf vorbereite, täglich sechs Stunden für sich, sagt Gusti Weder, der Bob-Weltmeister. Drei Stunden, um sich zu entspannen, drei um sich zu sammeln. Diese Zeit der Meditation sei durch den Olympiarummel gestört worden, und dafür hätte er beinahe gebüßt.

Nach einem völlig verpatzten ersten Lauf im Zweier – Anschieber Donat Acklin hatte das Nervenflattern – war Weder nur Neunter, nach dem zweiten Lauf erst fünfter. Weder, dem das Etikett »Perfektionist« anhängt, reagierte, indem er zuerst einmal »ein paar Bierchen trank«. Dann »lud« er sich noch einmal auf, montierte »warme« Kufen, die er noch nie in einem Rennen verwendet hatte, holte auf und siegte. Dank Intuition und Kreativität, wie er betonte, denn: »Perfektionismus allein genügt nicht.«

Weder »fielen die Alpen vom Herzen«, und die Sportnation Schweiz atmete auf – und nahm eine Woche später auch noch Weders Bronzemedaille im Vierer dankend zur Kenntnis.

Oympia ohne Olympiasieg hätten wir nicht ertragen, den Spott unserer Nachbarn aus dem Osten noch weniger.

PS. Vielleicht ist unsere olympische Erfolglosigkeit nicht ein Problem der Mentalität, des fehlenden »winning spirit«, der Amerikaner und Norweger auszeichnet, sondern lediglich eine Frage des Programms. Möglicherweise wurden von uns schlecht gesinnten Herren die falschen Disziplinen als olympisch bezeichnet. Warum ist Buckelpistenfahren olympisch, aber Ballett (Siegerin Conny Kissling) und Springen (Siegerin Colette Brand) nicht?

Warum hat Curling, wo unser Team dank eines »Jahrhundert-Steins« von Urs Dick Gold gewann, den olympischen Segen noch nicht? Und warum ist Speedskiing (Bronze für Renata Kolarova) auch nur Demonstrations-Sportart? Die Vermutung, daß wir Opfer eines perfiden antischweizerischen olympischen Komplotts geworden sind, drängt sich auf . . .

Martin Born, Zürich

Frankreichs dritte Winterspiele

La Grande Nation und Olympia

Für Franzosen sind Olympische Spiele, wenn sie in ihrem Land stattfinden, kein reines Sportereignis, sondern zugleich ein Anlaß zur Darstellung nationalen Selbstgefühls. Für Albertville galt dies um so mehr, als die XVI. Winterspiele in das hundertste Jahr der Wiedererweckung des olympischen Gedankens durch Baron Pierre de Coubertin fielen. Zur Jahrhundertfeier hätte Frankreich eigentlich gern die Sommerspiele gehabt – in Paris, wo der sportbegeisterte Historiker im September 1892 die Wiederbelebung der antiken Wettkämpfe proklamiert hatte. Daß daraus nichts wurde, machte mindestens die Pariser nicht traurig, die es verwinden konnten, daß ihrer überlaufenen, von Baustellen zerschundenen Stadt eine weitere Attraktion erspart blieb. Doch auch die anderen Franzosen empfanden Albertville nicht lange als Trostpreis. Ruhm mit Komfort, zwei tragende Säulen französischen Lebensgefühls, waren in der Provinz, in Savoyen, in Albertville leichter zu haben als in der Hauptstadt. Auch für Winterspiele kann Frankreich sich schließlich auf eine Pionierrolle berufen: Sie wurden erstmals 1924 in Chamonix abgehalten. Nach den Spielen des Jahres 1968 in Grenoble wurde Frankreich zudem durch Albertville das einzige europäische Land, das dreimal die Wettkämpfe im Schnee ausrichtete.

Olympia-Boom in »Killy-Land«

Savoyen ist ein Wintersportgebiet aus der Retorte. Seine Skidörfer (französisch oft abschätzig »Usines à ski« = Skilauffabriken genannt) sind das Werk von Architekten, Immobilienagenten, Hoteliers und Technokraten. Bergbauern mit ihrer Almwirtschaft hatten die verarmten Höhen zum großen Teil längst verlassen, als die Baumaschinen kamen. In den Tälern, wo an mehreren Stellen kränkelnde Industrien wie die Stahlwerke von Albertville Touristen verschrecken, wurden die Arbeitsplätze rar. Seit den 60er Jahren setzte man in der Tarantaise, der Maurienne und anderen Hochtälern alles auf das »weiße Gold«, das Geschäft mit dem Schnee. Doch drei schneearme Winter und der wachsende Reiz billiger Flugreisen in tropische Länder brachten immer schmerzhaftere Einbrüche im Skitourismus. Vor diesem Hintergrund versuchten Frankreichs Regierung, Regionalbehörden und interessierte Wirtschaftskreise, Savoyen durch die Olympischen Spiele neue Prosperität zu erschließen. Mindestens zum Teil ist der Kraftakt geglückt. Die Autobahn Grenoble–Genf erhielt eine Abzweigung bis Albertville und wurde von dort als vierspurige Schnellstraße nach Moûtiers weitergeführt: Quälende Autoschlangen, in denen die kollektiven Urlaubsfreuden Hunderttausender Franzosen zu beginnen und zu enden pflegen, soll es an dieser Stelle nicht mehr geben. Der Anschluß an die Hochgeschwindigkeitsbahn TGV ist hergestellt: Mit dem Zug ist Savoyen nur noch gut drei Stunden von Paris entfernt. Andere Infrastruktureinrichtungen, auf welche die Savoyarden ohne Olympia bis ins 21. Jahrhundert hätten warten müssen, wurden in fünf Jahren errichtet. Spitzentechnik und Improvisation, zentralistische Planung und Public-Relations, Effizienz und Spielerei ergaben eine authentisch französische Mischung für das Konzept der Spiele.

Symbolfigur dafür ist Frankreichs berühmtester Zöllner seit dem Douanier Rousseau, Jean-Claude Killy. Die Zeitung »Libération« nannte den dreifachen Goldmedaillengewinner von 1968 »den letzten großen Mythos der Ära de Gaulle neben Brigitte Bardot und dem Überschallflugzeug Concorde«. Nach seinem Erfolg von Grenoble hatte der damals 25jährige nur den Ehrgeiz, für monatlich 5000 Francs (seinerzeit etwa 3000 Mark) Fremdenverkehrsdirektor seines Heimatortes Val d'Isère zu werden. Der Bürgermeister schreckte vor solch horrenden Summen zurück und ließ ihn gehen. Killy verstand, daß sich seine Person und der Skisport, Savoyen und das neue dynamische Frankreich mit amerikanischen Management-Methoden zu einem Markenartikel machen ließen. Er selber verdiente daran schätzungsweise 30 Millionen Mark, die er im milden Steuerklima des benachbarten Genf genießt. Frankreich bekam, nicht zuletzt durch Killys beharrliche Sympathiewerbung, die Spiele nach Albertville. Als Co-Präsident des Olympischen Organisationskomitees erdachte Killy den Club Coubertin.

»Die ersten ökologischen Spiele«?

Unter dem noch immer prestigeträchtigen Namen betätigten sich ein Dutzend französischer Unternehmen als Sponsoren. Sie gaben Geld und erhielten Reklame. Staatsfirmen wie der Crédit Lyonnais und Renault, die Post und die Eisenbahn waren darunter, aber auch die französische Niederlassung von IBM und das Evianwasser. Als internationales Gegenstück gab es den Top Club, über den beispielsweise Coca-Cola und Kodak je 100 Millionen Mark einbrachten. Bevor es soweit war, trat Killy freilich – nur 13 Tage nach seiner Ernennung – wieder zurück. Er war dagegen, daß die Spiele, nur um lokalen Interessen gerecht zu werden, auf so viele Austragungsstätten verteilt wurden, wie dies am Ende geschah. »Ich hätte nie gedacht, daß ein Ereignis von Weltrang an den savoyischen Weidezäunen hängenbleiben würde«, sagte Killy ärgerlich. Ein Jahr später nahm er auf Drängen seiner Landsleute und der Pariser Regierung die Arbeit wieder auf. Auch der andere Präsident des Komitees, Michel Barnier, hat Perspektiven, die über das Ende der Spiele hinausreichen. Er war mit 22 Jahren Frankreichs jüngster Abgeordneter in einer Departementsversammlung, mit 27 unter dem Signum der gaullistischen RPR jüngster Mann in der Nationalversammlung und mit 31 Präsident der gewählten Versammlung seines Heimatdepartements Savoyen. Auf diesem Stuhl sitzt Barnier noch immer. Wenn die Spiele sich im öffentlichen Gedächtnis als Erfolg festsetzen, dann könnten sie für ihn zum Sprungbrett ins Kabinett werden. Barnier wird nachgesagt, er habe Interesse am Umweltministerium. »Die ersten ökologischen Spiele« nannte er Albertville in seiner Eröffnungsrede.

Diesem kühnen Anspruch Barniers widersprechen viele. Nicht nur die besseren Verkehrswege schlugen breite Schneisen in die Landschaft; so führt die Schnellstraße Albertville–Moûtiers mitten durch die Weinberge des Isère-Tals. Um die Auflagen des IOC zu erfüllen, um Parkplätze und Gemeinschaftseinrichtungen zu bauen, mußten die Savoyarden betonieren, graben und roden wie nie. Allein in Courchevel wurden, um die zwei Sprungschanzen an die Hänge zu klemmen, 5500 Bäume abgebrannt, 180 000 Kubikmeter Erde bewegt und 60 000 Tonnen Beton vergossen. Die schlimmsten Umweltsünden wurden für die Bobbahn von La Plagne begangen. Sie kostete sechs Hektar Wald und umgerechnet 75 Millionen Mark, den höchsten

Um nach Chamonix 1924 und Grenoble 1968 die dritten Olympischen Winterspiele in die Heimat des Barons de Coubertin zu holen, war Frankreich kein Preis zu hoch (rechts Mitte: François Mitterrand, der Präsident der Republik, neben seiner Frau bei der Eröffnungsfeier). Zum Olympia-Promoter bestellte La Grande Nation einen ihrer Nationalhelden: Jean-Claude Killy, den dreifachen Olympiasieger von 1968 (im Bild rechts unten neben Spaniens Königin Sophie). Der ungekrönte König von »Killy-Land« im Val d'Isère wurde neben Michel Barnier zum Co-Direktor des Olympischen Organisationskomitees ernannt.

Bild rechts oben: Das ehrgeizigste und zugleich wegen seiner horrenden Kosten und ökologischen Bedenklichkeit umstrittenste Olympiaprojekt der Franzosen war die Bob- und Rodelbahn von La Plagne. Der graue Betonwurm fraß umgerechnet ca. 75 Millionen DM, sein Unterhalt wird zudem jährlich an die 900 000 DM verschlingen. Das Städtchen Albertville, das den XVI. Olympischen Winterspielen seinen Namen lieh, richtete (außer der Eröffnungs- und der Schlußfeier) gerade mal die Eiskunst- und Eisschnelläufe aus (oben).

Preis, den je eine derartige Anlage erforderte. Um sie zu kühlen, sind 40 bis 50 Tonnen Ammoniak nötig. Wegen des instabilen Bodens haben sich indessen die Leitungen als unsicher erwiesen. An die Bewohner der umliegenden Häuser wurden, um jedes Risiko auszuschließen, Gasmasken verteilt. Wächter mit Hunden versperren Neugierigen den Zutritt. Sportministerin Frédérique Bredin erklärte solche Vorkehrungen damit, die Sicherheitsanforderungen an die Bahn entsprächen denen eines Atomreaktors. Kritik an Umweltsünden nannte sie »kleinlich«. Daß all dies relativ geräuschlos geschehen konnte, liegt an spezifisch französischen Gegebenheiten – aber nicht nur an ihnen. Seit der Zeit Ludwigs XIV. können Monarchen und Präsidenten schnurgerade Trassen durchs Land legen und grandiose Bauten errichten, ohne durch Proteste oder Prozesse lange behindert zu werden. Generell ist im dünn bevölkerten Frankreich das Umweltbewußtsein bis heute weniger empfindlich als in dichtbesiedelten Nachbarländern. Vor allem aber: durch die mehr als zwei Jahrzehnte anhaltende, forcierte Entwicklung des Tourismus waren die großen, schwer heilbaren Schäden an der Bergwelt Savoyens längst geschehen, als die Entscheidung für Albertville fiel.

Die optimistische Prophezeiung Killys und Barniers: »Die Spiele werden die Spiele bezahlen«, wird bei schätzungsweise 3,5 Milliarden Mark Gesamtkosten, Infrastrukturen eingerechnet, nicht in Erfüllung gehen. Im Gegenteil, vier der dreizehn olympischen Dörfer haben sich übernommen und sind konkursverdächtig. Den Pleitevogel schoß Brides-les-Bains (600 Einwohner) ab, das mehr als 150 Millionen Mark für ein modernes Kasino und die Erneuerung des Rathauses ausgab. Pralognon-la-Vanoise (650 Einwohner) leistete sich in der Hoffnung, zum Schauplatz von Eishockey- oder Kunstlaufmeisterschaften zu werden, eine Eisbahn für 10 Millionen Mark. Es erhielt statt dessen Curling, keine olympische Disziplin und in Savoyen wenig verbreitet, hat aber nun für die Eisbahn Unterhaltskosten von 650 Mark pro Tag zu leisten. Die berüchtigte Bobbahn von La Plagne zu unterhalten, wird an die 900 000 Mark im Jahr kosten.

Grenoble, die Austragungsstätte der Spiele von 1968, hat deren letzte finanzielle Lasten noch bis 1995 zu amortisieren. Dennoch sind die meisten Einwohner überzeugt, daß die Spiele für ihre Stadt eine Wasserscheide waren. Alles, was Grenoble seither an zukunftsorientierten Einrichtungen erhielt, an vorderster Stelle das internationale Kernforschungsinstitut mit dem Synchrotron, schreiben sie dem olympischen Beschleunigungseffekt zu. Albertville hingegen gab den savoyischen Spielen von 1992 vor allem seinen Namen; die Wettkampfstätten im Tal der Tarantaise waren zu abgelegen, Moûtiers war zu klein und Chambery zu weit weg. Ob die große Zukunft Albertvilles länger leuchtet als die olympische Flamme, bleibt abzuwarten.

Zum ersten Mal seit Jahrzehnten konnten die Franzosen Spiele veranstalten, die nicht vom Ost-West-Konflikt überschattet waren. Kriegerisch klangen nur die Worte der Marseillaise, die ein elfjähriges Mädchen in Savoyardentracht bei der Eröffnungsfeier mit klarer Kinderstimme sang: »Das unreine Blut wilder Feinde möge Frankreichs Ackerfurchen tränken«, lautete die Botschaft für 30 000 Sportfreunde im Stadion und zwei Milliarden Fernsehzuschauer in aller Welt. Nicht zum ersten Mal erhoben sich Forderungen, den Text der Nationalhymne zu entschärfen.

Rudolph Chimelli, Paris

Kleine Geschichte der Olympischen Winterspiele

Vom Märchen zum Milliardengeschäft

Die Olympischen Winterspiele hatten eine schwere Geburt. Sie waren ein unwillkommenes Kind der olympischen Familie. Es kam zu früh auf die Welt. Und der Vater war schwer zu ermitteln. Außerdem war es so angefeindet, zart und kränklich, daß es nur künstlich im Brutkasten am Leben erhalten werden konnte.

Die nordischen Länder, die damals schon unter sich im nordischen Skisport eigene Wettkämpfe durchführten, wollten von den Winterspielen unter gar keinen Umständen etwas wissen. Der Internationale Bob-Verband wurde 1923 gegründet, der Internationale Ski-Verband, die FIS, erst im Februar 1924. Es gab noch keine Ski-Weltmeisterschaften und auch noch keine FIS-Rennen, wie bis 1936 ihre Vorläufer hießen. Und der alpine Skisport existierte praktisch nicht. Er war noch gar nicht anerkannt.

Das Internationale Olympische Komitee (IOC) lehnte auf dem Kongreß von 1911 die Einführung von Winterspielen ab, obwohl es 1908 in London (und dann auch wieder 1920 in Antwerpen im Rahmen der Sommerspiele) Wintersportwettbewerbe (Eiskunstlaufen, Eishockey) in der Halle gegeben hatte, allerdings zeitverschoben. Noch 1921 bekräftigten die IOC-Mitglieder ihre ablehnende Haltung, weil »mit Winterspielen der Geist der olympischen Regeln verletzt würde«.

Aber 1924 kam der Sprößling in Chamonix doch zur Welt, als Teil-

stück der Sommerspiele des gleichen Jahres von Paris. Baron Pierre de Coubertin, lange Zeit ein konsequenter Gegner des olympischen Wintersports, eröffnete das erste Treffen, das nur »probeweise« in Szene ging, vor dem Rathaus von Chamonix höchstpersönlich. Man hatte es kühn als »Winterspiele der VIII. Olympiade« angekündigt. Aber erst ein gutes Jahr später, im Mai 1925, wurden die Spiele anerkannt als »I. Olympische Winterspiele«. Und erst im Herbst 1925 wurden den Preisträgern die Medaillen zugeschickt.

Jahre später, in seinen »Erinnerungen«, legte der bekehrte Baron ein ebenso feuriges wie idealistisches Bekenntnis zu den Winterspielen ab. »In 25 Jahren hatte sich der Wintersport nicht nur in einer Menge anderer Länder als den nordischen verbreitet, sondern er zeigte auch«, schrieb er verklärt, »einen Amateur-Charakter von solcher freien, reinen Würde, daß ein völliger Ausschluß vom olympischen Programm ihm viel von seiner Kraft genommen hätte.«

Das Neugeborene erlebte eine bewegte Kindheit und durch den Zweiten Weltkrieg getrübte Flegeljahre. Und es blieb auch im besten Mannesalter umstritten und angefeindet. War es anfänglich ein Opfer der ungenügenden Verbreitung des kaum bekannten Skisportes in den im Winter touristisch noch nicht erschlossenen Alpen gewesen, so wurde es später ein Opfer seines ungestümen Siegeszuges, seiner ständig wachsenden Popularität, seiner eigenen Erfolge. Die Menschen hatten begonnen, aus Schnee Geld zu machen. Der Tourismus, eine prosperierende Skiindustrie, die in den fünfziger und sechziger Jahren mit nicht für möglich gehaltenen Zuwachsraten expandierte, ganzjährig geöffnete Bergstationen und ihre Erschließung durch Bahnen und andere Transportmittel machten die Alpenregionen jetzt auch im Winter zu Paradiesen für Ferien, Freizeit und Sport.

Doch Avery Brundage, IOC-Präsident von 1952 bis 1972, hatte den Winterspielen, speziell den alpinen Skirennläufern, unnachgiebig den Kampf angesagt. Er störte sich an der ständig zunehmenden Kommerzialisierung, ärgerte sich über die offene und versteckte Werbung an Ausrüstung und Geräten und über die seiner Meinung nach schamlose Vermarktung der Athleten. Er hielt sie mit den Amateurregeln, die aus der Zeit der Jahrhundertwende stammten, für unvereinbar.

Brundage befand sich mit der FIS im Dauerclinch. Zunächst kündigte er zwischen den Spielen von Grenoble '68 und Sapporo '72 mehrmals an, den alpinen Skisport, der ihm mißfiel, vom Programm zu verbannen. Das veranlaßte die geschickt taktierende FIS zur Gegendrohung, dann werde es überhaupt keine olympischen Skiwettkämpfe mehr geben, weil sich Nordische und Alpine jetzt solidarisierten. Und als Brundage erkannte, sich nicht durchsetzen zu können, drohte er grimmig, die gesamten Winterspiele zu begraben. Noch in Sapporo, nach dem spektakulären Rauswurf von Karl Schranz, vom IOC mit 18:14 Stimmen am Vorabend der Spiele beschlossen, erklärte Brundage: »Abgesehen von den Skandalen der letzten zehn Jahre gibt es stets noch Wetter- und Schneeprobleme. Außerdem stehen die finanziellen Aufwendungen in keinem Verhältnis zur Bedeutung der Spiele. Die Japaner hatten hier 600 Millionen Dollar aufgewendet.«

»Die Winterspiele müssen abgeschafft werden«, schrieb Brundage in seinen nach dem Rücktritt verfaßten Memoiren (»Die Herausforderung«). »Es war ein bedauernswerter Fehler, sie überhaupt einzuführen, denn sie

haben viel dazu beigetragen, das olympische Nest zu beschmutzen. In Sapporo hörte man vernehmlich ein Todesröcheln. Ich hoffe«, fügte er sarkastisch an, »daß sie 1976 ein ehrenvolles Begräbnis erhalten.«

Doch dieser Wunsch erfüllte sich nicht. Im Gegenteil: Es gab immer mehr Wettbewerbe, und am 14. Oktober 1986 beschloß das IOC mit 78:2 Stimmen sogar, »um die Winterspiele aufzuwerten«, wie es hieß, einen neuen, von den Sommerspielen unabhängigen Vierjahresturnus, der 1994 beginnt.

Der Siegeszug des Wintersports war eben trotz seiner zunehmenden Kommerzialisierung nicht aufzuhalten, auch wenn bei den Olympischen Winterspielen das Märchen immer wieder neben der Farce lebte, wenn Schneemangel und Warmwettereinbrüche, Jahrzehntstürme, Skandale oder bizzare Ereignisse und Vorfälle die Spiele beeinträchtigten.

Zu diesen Eigentümlichkeiten gehörten die ersten Bobrennen mit Vierer- oder Fünferteams, die im Schlitten alle noch lagen, nächtliche Sabotageakte an den Bobs, Norweger, die 1924 fast alle Skimedaillen gewannen (nachdem sie sich während des Sommers in Spitzbergen aufgehalten hatten), und die überlegenen kanadischen Eishockeyspieler, die in der Vorrunde die Schweiz mit 33:0, die Tschechoslowakei mit 30:0 und Schweden mit 22:0 besiegt hatten und mit einem Torverhältnis von 110:3 Gold gewannen.

1928, in St. Moritz, benötigte der Sieger des Ski-Marathons (50-km-Langlauf) fast 68 Minuten mehr als der Sieger vier Jahre zuvor, weil ein Föhneinbruch die Temperatur in wenigen Stunden von null bis auf 25 Grad hatte ansteigen lassen und die Loipe zu einem Sumpf geworden war. Der Goldmedaillengewinner Per Erik Hedlund lief erstmals in einem weißen Dreß, was damals als Sensation galt.

1932, in Lake Placid, kosteten die Spiele 150mal weniger als 48 Jahre später, aber immerhin doch schon 1137654,14 Dollar; 25000 Menschen, in 10000 Autos herangefahren, wohnten den Bobwettkämpfen bei, und die Zuschauer spendeten im Sprungtraining jedem Athleten auf der Stelle einen Dollar, der weiter als 60 Meter sprang. »Auf den waren wir scharf, und daß wir damit gegen die Amateurregeln verstießen, störte unseren Schlaf nicht«, bekannte später der Schweizer Fritz Steuri.

1936 in Garmisch-Partenkirchen stand erstmals der alpine Skisport, aber ohne die nicht zugelassenen Skilehrer und nur mit einer Wertung in der Alpinen Kombination (Abfahrt/Slalom) auf dem Programm. Der Norweger Birger Ruud, 1932 Olympiasieger im Springen, gewann die Abfahrt mit 4,4 Sekunden Vorsprung, und die Sensation war perfekt, als Norwegen mit Laila Schou-Nilsen, einem Multitalent, das nicht nur im Skisport, sondern auch im Eisschnellauf, beim Radrennen und im Tennis eine gute Figur machte, auch noch die Siegerin bei den Frauen stellte (im Gesamtergebnis jedoch gab es dank Franz Pfnür und Christel Cranz zweimal Gold für Deutschland). Ruud gewann dafür erneut die Goldmedaille im Springen. Und zwölf Jahre später holte er, schon 37 Jahre alt, noch Silber. Die Spiele verzeichneten einen ungeahnten Publikumserfolg – aber nur 16 IOC-Mitglieder waren zu den Wettbewerben gekommen.

1948 erlebte St. Moritz das erste internationale Sporttreffen nach dem Krieg und die letzten »einfachen« Spiele. Beherrscht wurden sie vom »Eishockeykrach«, dessen Bewältigung zu schwerwiegenden Auseinandersetzungen zwischen dem IOC

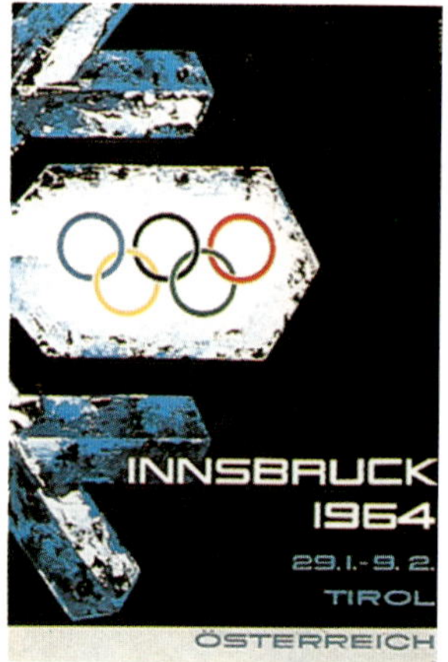

und dem Olympischen Komitee der Schweiz führte. Zwei feindliche US-Eishockeyteams verschiedener Verbände (AHA/AAU) waren in die Schweiz gereist. Das eine Team lief beim Einmarsch mit, das andere Team bestritt die Spiele, aber keines figurierte nach dem Entscheid des IOC in der Wertung. Sowjetische Beobachter, in ihren Pelzmützen leicht zu erkennen, verfolgten alles peinlich genau. Doch sie kapselten sich so sehr ab, daß kein Journalist an sie herankam.

1952 wurden in Oslo die ersten Winterspiele in einer Stadt abgehalten, 1956 in Cortina d'Ampezzo erfolgte der erste Start der Russen, die auf Anhieb 16 Medaillen und das Eishockeyturnier gewannen, und erstmals trat eine gesamtdeutsche Mannschaft an. 1960 fanden die Spiele in Squaw Valley in Kalifornien in einer neuen, eigens für Winterolympia aus dem Boden gestampften Siedlung ohne Infrastruktur und auch ohne Bobbahn statt.

Es folgten 1964 Innsbruck mit wenig Schnee, erstmals mit Rodelwettbewerben und mit zwei Sprunglaufkonkurrenzen, 1968 Grenoble mit der Verzettelung der Wettkämpfe auf sechs Orte mit sechs olympischen Dörfern und der Disqualifikation der DDR-Rodlerinnen (Ränge 1, 2, 4), weil sie die Kufen aufgewärmt hatten. Die Grandeur der »De-Gaulle-Spiele« kostete eine Milliarde Francs.

Die Spiele von 1972 in Sapporo waren vom Ausschluß von Karl Schranz geprägt, einem der erfolgreichsten alpinen Rennläufer aller Zeiten; der Österreicher wurde 1988 vom IOC rehabilitiert, nachdem er sich entschuldigt hatte. Es waren die ersten Spiele in Asien, die ersten in einer Millionenstadt, die ersten, die ein Kaiser eröffnete, und die ersten seit 1960 mit viel Schnee.

1976 sprang Innsbruck für Denver ein, dessen Bürger im November '72 die Durchführung aus ökologischen und wirtschaftlichen Gründen abgelehnt hatten. Nach Lake Placid ('80) und Sarajewo ('84) kamen die »Wind-Spiele« von Calgary mit den Sondereinlagen des Skisprung-Clowns »Eddie the Eagle«.

Die Winterspiele lebten immer von den großen Stars, von den überragenden Figuren, die zu Legenden wurden. Thorleif Haug, ein Norweger, wird 1924, schon 30 Jahre alt, als »Skikönig von Chamonix« gefeiert. In nur sechs Tagen gewinnt er drei Goldmedaillen (18 km, 50 km, Nordische Kombination), dazu noch Bronze im Spezialspringen. Doch Jahrzehnte später – Haug war 1934 gestorben – stellte sich bei der Nachrechnung der Resultate des Springens ein Fehler heraus: Haug war effektiv nur Vierter gewesen. Seine Tochter übergab 1974 die Bronzemedaille dem auf Platz vier gelandeten Anders Haugen, einem Amerikaner norwegischer Herkunft, der bei dieser arg verspäteten Siegerehrung schon 86 Jahre zählte.

Als die norwegische Eiskunstläuferin Sonja Henie erstmals an Olympischen Spielen teilnimmt, ist sie noch nicht zwölf Jahre alt. Nach einem Sturz wird sie zwar nur Letzte, aber bei den nächsten drei Spielen gewinnt sie immer Gold. »Atemberaubender Schwung in allen Phasen, blitzschnelle Pirouetten und großartige Spiralen stempelten sie zur Meisterin. Axel-Paulsen, Mondsprung, die niedergehende Sitzpirouette und der Schlangenbogenmond bildeten die dramatischen Effekte« – so schwärmte 1928 ein Reporter. Auf dem IOC-Kongreß 1931 wurde über eine Presseerklärung Sonja Henies diskutiert: »Ich werde nach den III. Winterspielen Profi.« In diesem Falle, fand das IOC, »wäre es besser, an

den Spielen nicht teilzunehmen«. Aber sie gewinnt sowohl 1932 wie 1936 nochmals Gold, wird erst nachher, nur 24jährig, Berufsläuferin, Film- und Revuestar. Nach drei Ehen, dem Erwerb der amerikanischen Staatsbürgerschaft und eines Millionenvermögens stürzt sie am 12. Oktober 1969 beim Anflug auf Oslo im gecharterten Flugzeug ab.

Auch das Eisschnellaufen hat seine Könige. Der erste ist der 1893 geborene Finne Clas Thunberg. 1924 gewinnt er fünf Medaillen, davon drei goldene, 1928, schon fast 35 Jahre alt, nochmals zweimal Gold. Obwohl er 1932 noch Weltrekorde läuft, verzichtet er auf die Spiele in Lake Placid, aus Protest gegen die Massenstarts.

Ivar Ballangrud, elf Jahre jünger, wird sein Nachfolger: Er holt Gold und Bronze 1928, Silber 1932 und 1936 in Garmisch-Partenkirchen, wo die Schnellaufwettbewerbe erstmals auf einem See stattfinden, dreimal Gold und einmal Silber. 1938 wird Ballangrud nochmals Weltmeister.

Auch bei den Spielen 1952 in Oslo wird ein Eisschnelläufer, ein Norweger, der Mann der Spiele: Hjalmar (Hjallis) Andersen gewinnt im Bislet-Stadion in drei Tagen dreimal Gold.

Doch alle seine Vorgänger übertrifft 1980 in Lake Placid der Arztsohn und Autodidakt Eric Heiden. 1958 geboren, sportlich vielseitig begabt, wird er zu einem Senkrechtstarter. 1976 ist er in Innsbruck Siebenter, 1977, noch nicht 19, der jüngste Weltmeister im Eisschnellaufen überhaupt. 1980 spricht er den olympischen Eid und macht auf der Schnelllaufpiste mit fünf Goldmedaillen in neun Tagen tabula rasa. Dann wendet er sich dem Radsport zu, zunächst auf der Bahn, versucht sich als Straßenrennfahrer. 1985 beendet er den Giro d'Italia als Drittletzter, in der Tour de France muß er wegen eines Sturzes aufgeben.

Auch die Skifahrer haben ihre Könige. Der schwedische Langläufer Sixten Jernberg ist einer. Er gewinnt zwischen 1956 und 1964 neun Olympiamedaillen, darunter vier goldene, die letzten zwei in Innsbruck im Alter von 35 Jahren.

Zu den legendären Gestalten des alpinen Skisports gehört Toni Sailer, der bei den Spielen 1956 in Cortina, kaum 20jährig, die Fachleute sprachlos macht. Sailer gewinnt die Abfahrt mit 3,5 Sekunden Vorsprung, den Slalom mit 4,0 und den Riesenslalom sogar mit 6,2 Sekunden Distanz auf den Zweiten. Das sind Zeitunterschiede, die es auch nachher nie mehr gegeben hat. Ganz Österreich liegt ihm zu Füßen. Seine Heimatstadt Kitzbühel schenkt ihm ein Grundstück, ganz Wien ist auf den Beinen, als ihn der Bundeskanzler empfängt. Sailer wird später Schauspieler, dreht Filme, produziert Platten. Nach seinen Triumphen bei der Ski-Weltmeisterschaft 1958 in Badgastein – dreimal Gold, einmal Silber – laufen schon ab Mai 1958 Untersuchungen über seinen Amateurstatus. Sailer zieht die Konsequenzen und erkennt 1959, daß er nur mit einem Rücktritt seiner Disqualifikation zuvorkommen kann. Doch seine unglaubliche Popularität hat er bis heute gewahrt.

Acht Jahre später feiert die Skiwelt den letzten kompletten alpinen Skifahrer: Jean-Claude Killy. Er gewinnt alle alpinen Rennen in Grenoble 1968. Auch er tritt rasch von der Bühne ab, wird Geschäftsmann, verbringt seine Zeit in den USA und kehrt nach wenigen Jahren als mehrfacher Dollar-Millionär nach Frankreich zurück, um als Promoter der Olympischen Winterspiele 1992 in Albertville wieder ins Licht der Öffentlichkeit zu treten.

Walter Lutz, Zürich

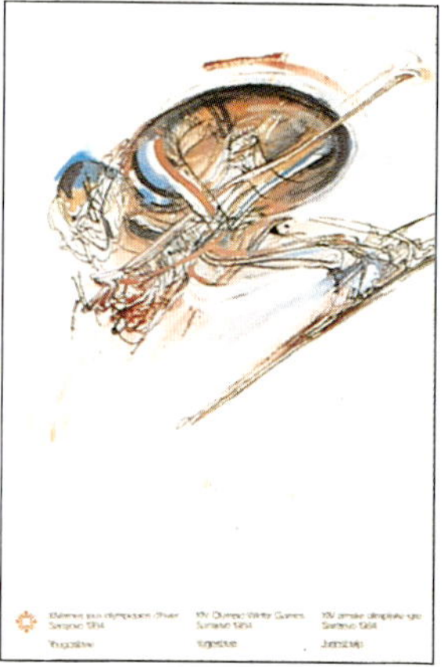

Abendstimmung in den Savoyer Alpen: Zur Eröffnungsfeier der XVI. Olympischen Winterspiele marschierten 2196 aktive Teilnehmer aus 64 Wintersport-Nationen in das »Théâtre des Cérémonies« in Albertville ein.

Alle Sieger der Olympischen Winterspiele im Überblick

SKILAUF NORDISCH HERREN

15-km-Langlauf (bis 1952 18 km)

1924	1:14:31	Std.	**Haug** (Norwegen)
1928	1:37:01	Std.	**Gröttumsbraaten** (Norwegen)
1932	1:23:07	Std.	**Utterström** (Schweden)
1936	1:14:38	Std.	**Larsson** (Schweden)
1948	1:13:50	Std.	**Lundström** (Schweden)
1952	1:01:34	Std.	**Brenden** (Norwegen)
1956	0:49:39	Std.	**Brenden** (Norwegen)
1960	0:51:55	Std.	**Brusveen** (Norwegen)
1964	0:50:54,1	Std.	**Maentyranta** (Finnland)
1968	0:47:54,2	Std.	**Grönningen** (Norwegen)
1972	0:45:28,24	Std.	**Lundbäck** (Schweden)
1976	0:43:58,47	Std.	**Bajukow** (UdSSR)
1980	0:41:57,63	Std.	**Wassberg** (Schweden)
1984	0:41:25,6	Std.	**Svan** (Schweden)
1988	0:41:18,9	Std.	**Dewjatjarow** (UdSSR)

30-km-Langlauf

1956	1:44:06	Std.	**Hakulinen** (Finnland)
1960	1:51:03,9	Std.	**Jernberg** (Schweden)
1964	1:30:50,7	Std.	**Maentyranta** (Finnland)
1968	1:35:39,2	Std.	**Nones** (Italien)
1972	1:36:31,15	Std.	**Wedenin** (UdSSR)
1976	1:30:29,38	Std.	**Saweljew** (UdSSR)
1980	1:27:02,8	Std.	**Zimjatow** (UdSSR)
1984	1:28:56,3	Std.	**Zimjatow** (UdSSR)
1988	1:24:26,3	Std.	**Prokurorow** (UdSSR)

»Der Läufer der Läufer«: Schwedens Langlauf-Legende Sixten Jernberg gewann 1956–1964 viermal Gold, dreimal Silber und zweimal Bronze.

50-km-Langlauf

1924	3:44:32	Std.	**Haug** (Norwegen)
1928	4:52:03	Std.	**Hedlund** (Schweden)
1932	4:28:00	Std.	**Saarinen** (Finnland)
1936	3:30:11	Std.	**Viklund** (Schweden)
1948	3:47:48	Std.	**Karlsson** (Schweden)
1952	3:33:33	Std.	**Hakulinen** (Finnland)
1956	2:50:27	Std.	**Jernberg** (Schweden)
1960	2:59:06,3	Std.	**Hämäläinen** (Finnland)
1964	2:43:52,6	Std.	**Jernberg** (Schweden)
1968	2:28:45,8	Std.	**Ellefsäter** (Norwegen)
1972	2:43:14,75	Std.	**Tyldum** (Norwegen)
1976	2:37:30,05	Std.	**Formo** (Norwegen)
1980	2:27:24,60	Std.	**Zimjatow** (UdSSR)
1984	2:15:55,8	Std.	**Wassberg** (Schweden)
1988	2:04:39,0	Std.	**Svan** (Schweden)

4×10-km-Staffel

1936	2:41:33	Std.	Finnland
1948	2:32:08	Std.	Schweden
1952	2:20:16	Std.	Finnland

1956 2:15:30 Std. UdSSR
1960 2:18:45,6 Std. Finnland
1964 2:18:34,6 Std. Schweden
1968 2:08:33,5 Std. Norwegen
1972 2:04:47,94 Std. UdSSR
1976 2:07:59,72 Std. Finnland
1980 1:57:03,46 Std. UdSSR
1984 1:55:06,3 Std. Schweden
1988 1:43:58,6 Std. Schweden

Biathlon · 10 km
1980 32:10,69 Min. **Ullrich** (DDR)
1984 30:58,8 Min. **Kvalvoss** (Norwegen)
1988 25:08,1 Min. **Roetsch** (DDR)

Biathlon · 20 km
1960 1:33:21,6 Std. **Lestander** (Schweden)
1964 1:20:26,8 Std. **Melanin** (UdSSR)
1968 1:13:45,9 Std. **Solberg** (Norwegen)
1972 1:15:55,5 Std. **Solberg** (Norwegen)
1976 1:14:12,26 Std. **Kruglow** (UdSSR)
1980 1:08:16,31 Std. **Aljabiew** (UdSSR)
1984 1:11:52,7 Std. **Angerer** (Deutschland)
1988 0:56:33,3 Std. **Roetsch** (DDR)

Peter Angerer, Deutschlands berühmtester Biathlet, holte 1984 in Sarajewo Gold über 20 km, Silber auf der Sprintstrecke (10 km) und Bronze mit der Staffel.

Biathlon · Staffel
1968 2:13:02,4 Std. UdSSR
1972 1:51:44,92 Std. UdSSR
1976 1:57:55,64 Std. UdSSR
1980 1:34:03,27 Std. UdSSR
1984 1:38:51,7 Std. UdSSR
1988 0:59:51,1 Std. UdSSR

Spezialspringen · 70-m-Schanze
1924 227,5 Pkt. **Thams** (Norwegen)

Der Norweger Birger Ruud gewann 1932 und 1936 mit seinem konkurrenzlos schönen Stil Gold auf der 70-m-Schanze; 1948 erkämpfte sich der schon 37jährige Sprungveteran noch Silber in St. Moritz.

1928 230,5 Pkt. **Andersen** (Norwegen)
1932 228,0 Pkt. **Ruud** (Norwegen)
1936 232,0 Pkt. **Ruud** (Norwegen)
1948 228,1 Pkt. **Hugsted** (Norwegen)
1952 226,0 Pkt. **Bergmann** (Norwegen)
1956 227,0 Pkt. **Hyvärinen** (Finnland)
1960 227,2 Pkt. **Recknagel** (Deutschland)
1964 229,9 Pkt. **Kankkonen** (Finnland)
1968 216,5 Pkt. **Raska** (Tschechoslowakei)
1972 244,2 Pkt. **Kasaya** (Japan)
1976 252,0 Pkt. **Aschenbach** (DDR)
1980 266,3 Pkt. **Innauer** (Österreich)
1984 215,7 Pkt. **Weißflog** (DDR)
1988 229,1 Pkt. **Nykänen** (Finnland)

Spezialspringen · 90-m-Schanze
1964 230,7 Pkt. **Engan** (Norwegen)
1968 231,3 Pkt. **Beloussow** (UdSSR)
1972 219,9 Pkt. **Fortuna** (Polen)
1976 234,8 Pkt. **Schnabl** (Österreich)
1980 271,0 Pkt. **Törmanen** (Finnland)
1984 231,2 Pkt. **Nykänen** (Finnland)
1988 224,0 Pkt. **Nykänen** (Finnland)

Spezialspringen Mannschaft
1988 Finnland

Nordische Kombination Einzel
1924 453,8 Pkt. **Haug** (Norwegen)
1928 427,8 Pkt. **Gröttumsbraaten** (Norwegen)
1932 446,0 Pkt. **Gröttumsbraaten** (Norwegen)
1936 430,3 Pkt. **Hagen** (Norwegen)
1948 448,8 Pkt. **Hasu** (Finnland)
1952 451,6 Pkt. **Slättvik** (Norwegen)
1956 455,0 Pkt. **Stenersen** (Norwegen)

2 x Keller, 2 x Gold! 1968 in Grenoble ließen Franz Keller (rechts) in der Nordischen Kombination und Erhard Keller im 500-m-Eisschnellauf die Konkurrenz hinter sich. 1972 in Sapporo krönte der angehende Zahnarzt Erhard Keller seine olympische Laufbahn mit einer zweiten »Goldenen«.

1960 457,9 Pkt. **Thoma** (Deutschland)
1964 469,28 Pkt. **Knutsen** (Norwegen)
1968 449,04 Pkt. **Keller** (Deutschland)
1972 413,34 Pkt. **Wehling** (DDR)
1976 423,39 Pkt. **Wehling** (DDR)
1980 432,20 Pkt. **Wehling** (DDR)
1984 422,595 Pkt. **Sandberg** (Norwegen)
1988 ohne Pkt.wert. **Kempf** (Schweiz)

Nordische Kombination Mannschaft
1988 Deutschland

Toini Gustafsson, die »Langlaufkönigin von Autrans« und zehnfache schwedische Meisterin, gewann 1968 in Grenoble mit ihrem kraftvollen und zugleich eleganten Laufstil zwei Goldmedaillen (über 5 km und 10 km).

SKILAUF NORDISCH DAMEN

5-km-Langlauf

1964	17:50,5	Min. **Bojarskich** (UdSSR)
1968	16:45,2	Min. **Gustafsson** (Schweden)
1972	17:00,5	Min. **Kulakowa** (UdSSR)
1976	15:48,69	Min. **Takalo** (Finnland)
1980	15:06,92	Min. **Smetanina** (UdSSR)
1984	17:04,0	Min. **Hämäläinen** (Finnland)
1988	15:04,0	Min. **Matikainen** (Finnland)

10-km-Langlauf

1952	41:40	Min. **Wideman** (Finnland)
1956	38:11	Min. **Kosyrewa** (UdSSR)
1960	39:46,6	Min. **Gusakowa** (UdSSR)
1964	40:24,3	Min. **Bojarskich** (UdSSR)
1968	36:46,5	Min. **Gustafsson** (Schweden)
1972	34:17,82	Min. **Kulakowa** (UdSSR)
1976	30:13,41	Min. **Smetanina** (UdSSR)
1980	30:31,54	Min. **Petzold** (DDR)
1984	31:44,2	Min. **Hämäläinen** (Finnland)
1988	30:08,3	Min. **Venciéné** (UdSSR)

20-km-Langlauf

1984	1:01:45,0	Std. **Hämäläinen** (Finnland)
1988	0:55:53,6	Std. **Tichanowa** (UdSSR)

3×5-km-Staffel

1956	1:09:01	Std. Finnland
1960	1:04:21,4	Std. Schweden
1964	0:59:20,2	Std. UdSSR
1968	0:57:30,0	Std. Norwegen
1972	0:48:46,15	Std. UdSSR

4×5-km-Staffel

1976	1:07:49,75	Std. UdSSR
1980	1:02:11,1	Std. DDR
1984	1:06:49,7	Std. Norwegen
1988	0:59:51,1	Std. UdSSR

SKILAUF ALPIN HERREN

Abfahrtslauf

1948	2:55,0	Min. **Oreiller** (Frankreich)
1952	2:30,8	Min. **Colo** (Italien)
1956	2:52,2	Min. **Sailer** (Österreich)
1960	2:06,0	Min. **Vuarnet** (Frankreich)
1964	2:18,16	Min. **Zimmermann** (Österreich)
1968	1:59,85	Min. **Killy** (Frankreich)
1972	1:51,43	Min. **Russi** (Schweiz)
1976	1:45,73	Min. **Klammer** (Österreich)
1980	1:45,5	Min. **Stock** (Österreich)
1984	1:45,59	Min. **Johnson** (USA)
1988	1:59,63	Min. **Zurbriggen** (Schweiz)

Vier lebende Legenden des alpinen Skisports und acht Goldmedaillen auf einen Blick. Von links: Bernhard Russi, Toni Sailer, Egon Zimmermann und Jean-Claude Killy.

Riesenslalom

1952	2:25,0	Min. **Eriksen** (Norwegen)
1956	3:00,1	Min. **Sailer** (Österreich)
1960	1:48,3	Min. **Staub** (Schweiz)
1964	1:46,71	Min. **Bonlieu** (Frankreich)
1968	3:29,28	Min. **Killy** (Frankreich)
1972	3:09,62	Min. **G. Thöni** (Italien)
1976	3:26,97	Min. **Hemmi** (Schweiz)
1980	2:40,74	Min. **Stenmark** (Schweden)
1984	2:41,18	Min. **Julen** (Schweiz)
1988	2:06,37	Min. **Tomba** (Italien)

Slalom

1948	2:10,3	Min. **Rainalter** (Schweiz)
1952	2:00,0	Min. **Schneider** (Österreich)
1956	3:14,7	Min. **Sailer** (Österreich)
1960	2:08,9	Min. **Hinterseer** (Österreich)
1964	2:11,13	Min. **Stiegler** (Österreich)
1968	1:39,73	Min. **Killy** (Frankreich)
1972	1:09,27	Min. **Ochoa** (Spanien)
1976	2:03,29	Min. **Gros** (Italien)
1980	1:44,26	Min. **Stenmark** (Schweden)
1984	1:39,41	Min. **Phil Mahre** (USA)
1988	1:39,47	Min. **Tomba** (Italien)

Super-Riesenslalom

1988	1:39,66	Min. **Piccard** (Frankreich)

Alpine Kombination

1936	99,95	Pkt. **Pfnür** (Deutschland)
1948	3,27	Pkt. **Oreiller** (Frankreich)
1988	36,55	Pkt. **Strolz** (Österreich)

SKILAUF ALPIN DAMEN

Abfahrtslauf

1948	2:28,3	Min. **Schlunegger** (Schweiz)
1952	1:47,1	Min. **Jochum-Beiser** (Österreich)
1956	1:40,7	Min. **Berthod** (Schweiz)
1960	1:37,6	Min. **Biebl** (Deutschland)
1964	1:55,39	Min. **Haas** (Österreich)
1968	1:40,87	Min. **Pall** (Österreich)
1972	1:36,68	Min. **Nadig** (Schweiz)
1976	1:46,16	Min. **Mittermaier** (Deutschland)
1980	1:37,52	Min. **Moser** (Österreich)
1984	1:13,36	Min. **Figini** (Schweiz)
1988	1:25,86	Min. **Kiehl** (Deutschland)

Riesenslalom

1952	2:06,8	Min. **Mead-Lawrence** (USA)

1956 1:56,5 Min. **Reichert** (Deutschland)
1960 1:39,9 Min. **Ruegg** (Schweiz)
1964 1:52,24 Min. **M.Goitschel** (Frankreich)
1968 1:51,97 Min. **Greene** (Kanada)
1972 1:29,90 Min. **Nadig** (Schweiz)
1976 1:29,13 Min. **Kreiner** (Kanada)
1980 2:41,66 Min. **Wenzel** (Liechtenstein)
1984 2:20,98 Min. **Armstrong** (USA)
1988 2:06,49 Min. **Schneider** (Schweiz)

Deutschlands »Gold-Mädl« Rosi Mittermaier 1976 in Innsbruck. Ihre olympische Ausbeute: Gold in der Abfahrt, Gold im Slalom, Silber im 1. Riesenslalom.

Slalom

1948 1:57,2 Min. **Frazer** (USA)
1952 2:10,6 Min. **Mead-Lawrence** (USA)
1956 1:52,3 Min. **Colliard** (Schweiz)
1960 1:49,6 Min. **Heggtveit** (Kanada)
1964 1:29,86 Min. **Ch. Goitschel** (Frankreich)
1968 1:25,86 Min. **M. Goitschel** (Frankreich)
1972 1:31,24 Min. **Cochran** (USA)
1976 1:30,54 Min. **Mittermaier** (Deutschland)
1980 1:25,09 Min. **Wenzel** (Liechtenstein)
1984 1:36,47 Min. **Magoni** (Italien)
1988 1:36,69 Min. **Schneider** (Schweiz)

Super-Riesenslalom

1988 1:19,03 Min. **Wolf** (Österreich)

Alpine Kombination

1936 97,06 Pkt. **Cranz** (Deutschland)
1948 6,58 Pkt. **Beiser** (Österreich)
1988 29,25 Pkt. **Wachter** (Österreich)

EISSCHNELLAUF HERREN

500 m

1924 44,0 Sek. **Jewtraw** (USA)
1928 43,4 Sek. **Thunberg** (Finnland) **Evensen** (Norwegen)
1932 43,4 Sek. **Shea** (USA)
1936 43,3 Sek. **Ballangrud** (Norwegen)
1948 43,1 Sek. **Helgesen** (Norwegen)

Der 21jährige Amerikaner Eric Heiden gewann 1980 in Lake Placid alle fünf Konkurrenzen im Eisschnellauf und stellte damit einen »ewigen olympischen Rekord« auf.

1952 43,2 Sek. **Henry** (USA)
1956 40,2 Sek. **Grischin** (UdSSR)
1960 40,2 Sek. **Grischin** (UdSSR)
1964 40,1 Sek. **McDermott** (USA)
1968 40,3 Sek. **Keller** (Deutschland)
1972 39,44 Sek. **Keller** (Deutschland)
1976 39,17 Sek. **Kulkinow** (UdSSR)
1980 38,03 Sek. **Heiden** (USA)
1984 38,19 Sek. **Fokitchew** (UdSSR)
1988 36,45 Sek. **Mey** (DDR)

1000 m

1976 1:19,32 Min. **Mueller** (USA)
1980 1:15,18 Min. **Heiden** (USA)
1984 1:15,80 Min. **Boucher** (Kanada)
1988 1:13,03 Min. **Guljajew** (UdSSR)

1500 m

1924 2:20,8 Min. **Thunberg** (Finnland)
1928 2:21,1 Min. **Thunberg** (Finnland)
1932 2:57,5 Min. **Shea** (USA)
1936 2:19,2 Min. **Mathiesen** (Norwegen)
1948 2:17,8 Min. **Farstad** (Norwegen)
1952 2:20,4 Min. **Andersen** (Norwegen)
1956 2:08,6 Min. **Grischin** (UdSSR) und **Michailow** (UdSSR)
1960 2:10,4 Min. **Grischin** (UdSSR) und **Aas** (Norwegen)
1964 2:10,3 Min. **Antson** (UdSSR)
1968 2:03,4 Min. **Verkerk** (Holland)
1972 2:02,96 Min. **Schenk** (Holland)
1976 1:59,38 Min. **Storholt** (Norwegen)
1980 1:55,44 Min. **Heiden** (USA)
1984 1:58,36 Min. **Boucher** (Kanada)
1988 1:52,06 Min. **Hoffmann** (DDR)

5000 m

1924 8:39,0 Min. **Thunberg** (Finnland)
1928 8:50,5 Min. **Ballangrud** (Norwegen)
1932 9:40,8 Min. **Jaffee** (USA)
1936 8:19,6 Min. **Ballangrud** (Norwegen)
1948 8:29,4 Min. **Liaklev** (Norwegen)
1952 8:10,6 Min. **Andersen** (Norwegen)
1956 7:48,7 Min. **Schilkow** (UdSSR)
1960 7:51,3 Min. **Kossitschkin** (UdSSR)
1964 7:38,4 Min. **Johannesen** (Norwegen)
1968 7:22,4 Min. **Maier** (Norwegen)
1972 7:23,61 Min. **Schenk** (Holland)
1976 7:24,48 Min. **Stensen** (Norwegen)
1980 7:02,29 Min. **Heiden** (USA)

1984 7:12,28 Min. **Gustafson** (Schweden)
1988 6:44,63 Min. **Gustafson** (Schweden)

10 000 m

1924 18:04,8 Min. **Skutnaab** (Finnland)
1932 19:13,6 Min. **Jaffee** (USA)
1936 17:24,3 Min. **Ballangrud** (Norwegen)
1948 17:26,3 Min. **Seyffarth** (Schweden)
1952 16:45,3 Min. **Andersen** (Norwegen)
1956 16:35,9 Min. **Ericsson** (Schweden)
1960 15:46,6 Min. **Johannesen** (Norwegen)
1964 15:50,1 Min. **Nilsson** (Schweden)
1968 15:23,6 Min. **Hoeglin** (Schweden)
1972 15:01,35 Min. **Schenk** (Holland)
1976 14:50,59 Min. **Kleine** (Holland)
1980 14:28,13 Min. **Heiden** (USA)
1984 14:39,90 Min. **Malkow** (UdSSR)
1988 13:48,20 Min. **Gustafson** (Schweden)

EISSCHNELLAUF DAMEN

500 m

1960 45,9 Sek. **Haase** (Deutschland)
1964 45,0 Sek. **Skoblikowa** (UdSSR)
1968 46,1 Sek. **Titowa** (UdSSR)
1972 43,33 Sek. **Henning** (USA)
1976 42,76 Sek. **Young** (USA)
1980 41,78 Sek. **Enke** (DDR)
1984 41,02 Sek. **Rothenburger** (DDR)
1988 39,10 Sek. **Blair** (USA)

1000 m

1960 1:34,1 Min. **Gusewa** (UdSSR)
1964 1:33,2 Min. **Skoblikowa** (UdSSR)
1968 1:32,6 Min. **Geijssen** (Holland)
1972 1:34,40 Min. **Pflug** (Deutschland)
1976 1:28,43 Min. **Awerina** (UdSSR)
1980 1:24,10 Min. **Petrusewa** (UdSSR)

Monika Pflug nach ihrem Olympiasieg im 1000-m-Eisschnellauf 1972 in Sapporo. 1984 in Sarajewo nahm die Münchnerin, inzwischen mit dem Nachnamen Holzner-Gawenus, als erste deutsche Sportlerin zum vierten Mal an Olympischen Spielen teil.

1984 1:21,61 Min. **Enke** (DDR)
1988 1:17,65 Min. **Rothenburger** (DDR)

1500 m

1960 2:25,2 Min. **Skoblikowa** (UdSSR)
1964 2:22,6 Min. **Skoblikowa** (UdSSR)
1968 2:22,4 Min. **Mustonen** (Finnland)
1972 2:20,85 Min. **Holum** (USA)
1976 2:16,58 Min. **Stepanskaja** (UdSSR)
1980 2:10,95 Min. **Borckink** (Holland)
1984 2:03,42 Min. **Enke** (DDR)
1988 2:00,68 Min. **van Gennip** (Holland)

3000 m

1960 5:14,3 Min. **Skoblikowa** (UdSSR)
1964 5:14,9 Min. **Skoblikowa** (UdSSR)
1968 4:56,2 Min. **Schut** (Holland)
1972 4:52,14 Min. **Baas-Kaiser** (Holland)
1976 4:45,19 Min. **Awerina** (UdSSR)
1980 4:32,13 Min. **Jensen** (Norwegen)
1984 4:24,79 Min. **Schöne** (DDR)
1988 4:11,94 Min. **van Gennip** (Holland)

5000 m

1988 7:14,13 Min. **van Gennip** (Holland)

EISKUNSTLAUF HERREN

1908 **Salchow** (Schweden)
1920 **Grafstroem** (Schweden)
1924 **Grafstroem** (Schweden)
1928 **Grafstroem** (Schweden)
1932 **Schäfer** (Österreich)
1936 **Schäfer** (Österreich)
1948 **Button** (USA)
1952 **Button** (USA)
1956 **A. Jenkins** (USA)
1960 **D. Jenkins** (USA)
1964 **Schnelldorfer** (Deutschland)
1968 **Schwarz** (Österreich)
1972 **Nepela** (Tschechoslowakei)
1976 **Curry** (Großbritannien)
1980 **Cousins** (Großbritannien)
1984 **Hamilton** (USA)
1988 **Boitano** (USA)

EISKUNSTLAUF DAMEN

1908 **Syers** (Großbritannien)
1920 **Julin-Mauroy** (Schweden)
1924 **Planck-Szabo** (Österreich)
1928 **Henie** (Norwegen)
1932 **Henie** (Norwegen)
1936 **Henie** (Norwegen)

Sonja Henie, die wohl berühmteste Eiskunstläuferin aller Zeiten. Die 1912 geborene Norwegerin war von 1927 bis 1936 in ununterbrochener Reihenfolge Weltmeisterin und gewann dreimal hintereinander olympisches Gold (1928, 1932, 1936).

1948 **Scott** (Kanada)
1952 **Altwegg** (Großbritannien)
1956 **Albright** (USA)
1960 **Heiss** (USA)
1964 **Dijkstra** (Holland)
1968 **Fleming** (USA)
1972 **Schuba** (Österreich)
1976 **Hamill** (USA)
1980 **Pötzsch** (DDR)
1984 **Witt** (DDR)
1988 **Witt** (DDR)

EISKUNSTLAUF PAARE

1908 **Hübler/Burger** (Deutschland)
1920 **Jakobsson/Jakobsson** (Finnland)
1924 **Engelmann/Berger** (Österreich)
1928 **Joly/Brunet** (Frankreich)
1932 **Ehepaar Brunet** (Frankreich)
1936 **Herber/Baier** (Deutschland)
1948 **Lannoy/Baugniet** (Belgien)
1952 **Baran/Falk** (Deutschland)
1956 **Schwarz/Oppelt** (Österreich)
1960 **Wagner/Paul** (Kanada)
1964 **Beloussowa/Protopopow** (UdSSR)
1968 **Beloussowa/Protopopow** (UdSSR)
1972 **Rodnina/Ulanow** (UdSSR)
1976 **Rodnina/Saizew** (UdSSR)
1980 **Rodnina/Saizew** (UdSSR)
1984 **Walowa/Wassiliew** (UdSSR)
1988 **Gordejewa/Grinkow** (UdSSR)

Ludmilla Beloussowa und Oleg Protopopow, eines der unvergessenen »Traumpaare« Olympias. In den 60er Jahren verhalfen die Goldmedaillengewinner von 1964 und 1968 mit ihrem hinreißenden Stil den tänzerischen und künstlerischen Elementen im Eiskunstlauf zum Durchbruch.

EISTANZ

1976 **Pachomowa/Gorschkow** (UdSSR)
1980 **Linichuk/Karponosow** (UdSSR)
1984 **Torvill/Dean** (Großbritannien)
1988 **Bestemjanowa/Bukin** (UdSSR)

EISHOCKEY

1924 Kanada
1928 Kanada
1932 Kanada
1936 Großbritannien
1948 Kanada
1952 Kanada
1956 UdSSR
1960 USA
1964 UdSSR
1968 UdSSR
1972 UdSSR
1976 UdSSR
1980 USA

Die UdSSR und Kanada waren die erfolgreichsten Eishockey-Nationen bei Olympischen Winterspielen. Im Bild das 2:0 der Kanadier im Spiel gegen die Schweden 1968 in Grenoble.

1984 UdSSR
1988 UdSSR

RODELN HERREN

Einsitzer

1964 3:26,77 Min. **Köhler** (Deutschland)
1968 2:52,48 Min. **Schmid** (Österreich)
1972 3:27,58 Min. **Scheidel** (DDR)
1976 3:27,688 Min. **Günther** (DDR)
1980 2:54,796 Min. **Glass** (DDR)
1984 3:04,258 Min. **Hildgartner** (Italien)
1988 3:05,548 Min. **Müller** (DDR)

Doppelsitzer

1964 1:41,62 Min. **Feistmantl/Stengl** (Österreich)
1968 1:35,85 Min. **Bonsack/Köhler** (DDR)
1972 1:28,35 Min. **Hildgartner/Plaikner** (Italien) und **Hörnlein/Bredow** (DDR)
1976 1:25,604 Min. **Rinn/Hahn** (DDR)
1980 1:19,331 Min. **Rinn/Hahn** (DDR)
1984 1:23,620 Min. **Stanggassinger/Wembacher** (Deutschland)
1988 1:31,940 Min. **Hoffmann/Pietzsch** (DDR)

RODELN DAMEN

Einsitzer

1964 3:24,67 Min. **Enderlein** (Deutschland)
1968 2:28,66 Min. **Lechner** (Italien)
1972 2:59,18 Min. **Müller** (DDR)
1976 2:50,621 Min. **Schumann** (DDR)
1980 2:36,537 Min. **Zozulia** (UdSSR)
1984 2:46,570 Min. **Martin** (DDR)
1988 3:03,973 Min. **Walter** (DDR)

BOB

Zweierbob

1932 8:14,74 Min. USA I
1936 5:29,29 Min. USA I
1948 5:29,02 Min. Schweiz II
1952 5:24,54 Min. Deutschland I
1956 5:30,14 Min. Italien II
1964 4:21,90 Min. Großbritannien I
1968 4:41,54 Min. Italien I
1972 4:57,07 Min. Deutschland II
1976 3:44,42 Min. DDR II
1980 4:09,3 Min. Schweiz II
1984 3:25,65 Min. DDR II
1988 3:53,48 Min. UdSSR I

Oslo, 1952: Das Bob-Gespann Andreas Ostler und Lorenz Nieberl in »Deutschland I« auf dem Weg zum Olympiasieg.

Viererbob (1928 Fünferbob)

1924 5:45,54 Min. Schweiz I
1928 3:20,5 Min. USA II
1932 7:53,68 Min. USA I
1936 5:19,85 Min. Schweiz II
1948 5:20,1 Min. USA II
1952 5:07,84 Min. Deutschland I
1956 5:10,44 Min. Schweiz I
1964 4:14,46 Min. Kanada I
1968 2:17,39 Min. Italien I
1972 4:43,07 Min. Schweiz I
1976 3:40,43 Min. DDR I
1980 3:59,9 Min. DDR I
1984 3:20,22 Min. DDR I
1988 3:47,51 Min. Schweiz I

Copyright
1992 by Südwest Verlag
GmbH & Co. KG, München

ISBN-3-517-01312-9

Auflage
1.–60. Tausend

Einbandgestaltung und Stillayout
Rudi Gill, München

Herausgeber
Harry Valérien

Redaktion und Mitarbeiter
Dr. Christian Zentner

Beatrice Alder
Peter Burghardt
Hans Eiberle
Mathias Forster
Wolfgang Gärner
Detlef Hacke
Fritz Heimann
Doris Henkel
Christopher Keil

Schlußredaktion
Franz Resch

Layout und Produktion
Manfred Metzger

Fotos
Lorenz Baader
Bongarts
Gamma
Minkoff
Schreyer
Sven Simon

Tabellen und Ergebnisse
Nach offiziellen Protokollen der Olympischen Spiele und nach Erich Kamper, Enzyklopädie der Olympischen Spiele

Satz, Repro und Druck
Karl Wenschow-Franzis Druck
GmbH, München

Bindung
Buchbinderei R. Oldenbourg,
München

VAL D'ISERE
BEAUFORTAIN
LES ARCS
BOURG ST-MAURICE
LES SAISIES
VAL D'ARLY - ANNECY
CHAMONIX - GENEVE
ALBERTVILLE